GOBOOKS
& SITAK
GROUP©

你經歷的一切，皆是通往療癒的道路

What's in the Way Is the Way:
A Practical Guide for Waking Up to Life

瑪麗．歐麥莉（Mary O'Malley）——著
陳宜婕——譯

高寶書版集團

好評推薦

「覺醒是一帖強效的良藥。這是一本值得與之共度時光、從中學習並好好珍藏的書。」

——克里斯蒂安．諾斯拉普（Christiane Northrup, MD），婦產科醫師、《女人的身體與智慧》（*Women's Bodies, Women's Wisdom*）作者

「這些教導幫助你敞開心門，迎向生命的奧祕，帶來自由、喜悅與輕盈。」

——傑克．康菲爾德（Jack Kornfield），靈磐禪修中心（Spirit Rock Meditation Center）創辦人、《踏上心靈幽徑》（*A Path with Heart*）作者

「佛陀說就算尋遍整個世界，你也找不到比自己更值得被愛的人。瑪麗．歐麥莉一次又一次喚醒我們，讓我們驚喜地發

現，那些我們原以為難以跨越的障礙背後，竟藏著人性光輝的解脫。」

——史蒂芬·拉維（Stephen Levine），

《今生》（*A Year to Live*）作者

「最直白、最務實也最容易親近的靈性教導。瑪麗的話語簡潔實用，卻蘊藏驚人深意，即使在最黑暗的時刻，也能為人帶來希望，是這個世界的療癒良方。」

——傑夫·福斯特（Jeff Foster），

《不再試著修補生命》（*The Deepest Acceptance*）作者

「這是一本充滿心靈智慧的美妙之書。瑪麗·歐麥莉的智慧具有深刻的轉化力量……引領你學會放下，並且信任生命的流動。」

——塔拉·布萊克博士（Tara Brach, PhD），

《全然接納這樣的我》（*Radical Acceptance*）作者

「瑪麗·歐麥莉的書帶來深具意義的智慧與啟發。以我自身經驗來說，我知道她所說的一切都是真的，她的教導確實能

深刻改變我們面對人生旅程的方式。」

——伯尼・西格爾（Bernie Siegel）醫師，
《愛・醫藥・奇蹟》（*Love, Medicine & Miracles*）作者

「瑪麗的話語為所有渴望超越自我設限、走向心靈自由的人，指引了療癒的道路。」

——雪倫・薩爾茲堡（Sharon Salzberg），內觀禪修社
（Insight Meditation Society）共同創辦人，
《靜心冥想的練習》（*Real Happiness*）作者

「溫柔而充滿愛的引導，帶來更平靜、更喜悅的生命。人人都能從中獲得啟發。」

——約瑟夫・戈爾茨坦（Joseph Goldstein），
《正念》（*Mindfulness*）作者

「當今的人類正被召喚，展開一場意識上的深刻躍升。宇宙不再只是充滿各種天體的空間，而是一個持續展開的創造過程。我們是二十萬年來第一個認知到這一點的世代。如今，我們再也無法把自己視為困在渺小世界裡的分離個體。事實

上，我們是一股創造性能量的浪潮，已在宇宙中奔流了一百四十億年。瑪麗．歐麥莉引領我們踏上一段旅程，讓每一個人都能走入這份深刻的真相。隨著她的帶領，我們學會如何把安住於自身深層本質，化為日常的實踐。如此，我們將逐漸體會那份伴隨每一次愛的覺醒而來的驚嘆與喜悅。」

——布萊恩．施威姆（Brian Swimme），

加利福尼亞整合學院教授

「這本書清晰地拆解了我近來苦心摸索的課題，讀來實在令人感到寬慰。瑪麗．歐麥莉為我們開啟了一條道路，帶領我們穿越混亂，走向自身意識的光明。書中處處是清晰的指引，不會讓你迷失其中。每個人都應該讀這本書，尤其是那些曾對某事上癮過的人——也就是我們每一個人。」

——托米．羅森（Tommy Rosen），

《康復 2.0》（*Recovery 2.0*）作者

「我認為瑪麗．歐麥莉是這個時代最傑出的導師。沒有人比她更擅長告訴我們，如何將生命中最艱難的時刻，轉化為最美好的禮物。她深沉的慈悲、罕見的覺察力與透徹的洞見，

使她寫下的每一句話都彌足珍貴。」

——尼爾·唐納·沃許（Neale Donald Walsch），

《與神對話》（*Conversations with God*）作者

「在這個病態地鼓勵人們否認真實經驗的世界，這本書的出現令人深感欣慰。瑪麗·歐麥莉以動人的心靈之語，邀請我們為那些被深埋已久的內在部分發聲，照亮這個世界非常需要的蛻變之路。這是對當下的邀請，也是對包容的邀請。這是完整的，也是神聖的。這本書深深安慰了我。」

——傑夫·布朗（Jeff Brown），

《塑造靈魂》（*Soulshaping*）作者

「我非常喜愛瑪麗所傳遞的訊息。對我這個天生好奇心過剩的人來說，她為『好奇心』賦予了嶄新的意義與價值。」

——伊莉莎白·薩圖黎斯（Elisabet Sahtouris）博士，

演化生物學家與未來學家

「我非常喜愛瑪麗這本書的書名，它本身就已道出真諦。她所傳遞的溫柔與慈悲的智慧，尤其是對自己的寬容與接納，是每個人都值得仔細體會的。每個人都能為世界的和平與療癒貢獻一份力量，而正如許多偉大的導師所說，一切都必須從自己開始。瑪麗・歐麥莉帶來的是一份超越時代的教導。願我們都盡己所能，活出這份智慧。」

——理查・莫斯（Richard Moss），

《生命曼陀羅》（*The Mandala of Being*）作者

「瑪麗・歐麥莉是真正的大師，她通情達理、直言不諱，是靈性覺醒與智慧指引的典範。書中的每字每句都真摯動人，我非常喜愛這本書。」

——馬克・馬圖塞克（Mark Matousek），《當生命墜落時，沉潛吧！》（*When You're Falling, Dive*）作者

「瑪麗・歐麥莉發展出一套美妙的方式，引領我們放下掙扎，活出更完整、更有生命力的自己。她教導我們帶著慈悲的好奇心，去看見並療癒那些阻礙我們前行的事物。」

——瑪西・許莫芙（Marci Shimoff），

《快樂，不用理由》（*Happy for No Reason*）作者

「瑪麗・歐麥莉這本令人驚嘆的著作向我們證明，最艱難的挑戰之中，往往蘊藏著最激勵人心的勝利種子！」

——阿爾・寇爾（Al Cole），CBS全國聯播節目
《傑出人士》（People of Distinction）主持人

「我對瑪麗的作品感到由衷敬佩。她將日常生活中的難題轉化為神聖的體驗，而她對『真正成為一個人』的深刻洞察，深深觸動了我的內心。在我看來，瑪麗・歐麥莉是當今最真誠、最鮮明的真理之聲。」

——安・露易絲・吉特曼（Ann Louise Gittleman）博士，
《脂肪清理計畫》（*The Fat Flush Plan*）作者

「瑪麗所展現的，是一種優雅純熟的溝通方式，也是一種成熟而少見的回應能力。」

——傑瑞・卡茨（Jerry Katz），nonduality.com創辦人、
《非二元性談話電臺》（Nonduality Talk Radio）主持人

「在眾多談論靈性的書籍當中，不乏過於抽象或難以實踐的作品，這本難得的著作相當與眾不同。我很欣賞瑪麗恰到好

處地融合了解說與指引。」

——史考特・奇洛比（Scott Kiloby），

作者、奇洛比康復中心（The Kiloby Center for Recovery）

創辦人

「在閱讀這本書並實際練習的過程中，我彷彿感受到千頭萬緒終於拼湊成一個既清晰又可實踐的整體。這本書簡單卻深刻，觸動每一個人心中那個柔軟的部分。它提醒我們：生命是有意義的，我們並不孤單，我們都在這條路上。」

——洛琳・赫爾利（Lorraine Hurley, MD）醫師

「瑪麗的作品精彩而重要，有助人們踏上通往個人自由的旅程，也為世界注入更多智慧。她的新書聚焦於心的智慧、呼吸的力量，以及人類靈魂的覺醒。」

——格蘭特・索薩魯（Grant Soosalu），

《避開幸福絆腳石》（*Avoiding the Enemies to Happiness*）作者

「瑪麗這本書的書名就已道出一切。它是值得我們反覆誦讀的心靈箴言。隨手翻開任一頁，都能提醒我們注意那些『掙

扎之雲』，並引導我們優雅地走出掙扎與狹隘心智的框架。這是一本你會想隨身攜帶的書。」

——安德烈亞．阿德勒（Andrea Adler），
《洞悉心靈行銷》（*The Science of Spiritual Marketing*）作者

「瑪麗再一次以溫柔而清晰的方式，引領我們擁抱自己，擁抱我們的境遇、經驗與夢想。她邀請我們展開這段旅程，不是靠意志去推動，而是憑著允許去敞開。瑪麗的存在本身就是一份珍貴的禮物，如同一顆罕見而珍貴的明珠。」

——傑夫．倫納（Jeff Renner），
西雅圖 KING 5 News 首席氣象學家

「對任何渴望平靜、幸福與走出內在掙扎的人來說，這本書是不可多得的寶貴資源。」

——強．蓋伯爾（Jon Gabriel），《蓋伯爾瘦身法》
（*The Gabriel Method*）作者，身心整合減重法創辦人

「我非常喜歡瑪麗．歐麥莉的風格。她的文字來自一顆真誠的心，那顆心既經歷過狂喜，也承受過心碎。她懂得以敞開

的態度，迎向生命的各種樣貌。瑪麗以清晰而簡明的方式，分享她的智慧，引領我們學會將生命的障礙轉化為通往自由的道路。」

——克里斯・格羅索（Chris Grosso），
《萬物之心》（*Everything Mind*）作者

「瑪麗的這本書如同一道清晰明亮的光，為所有走在自我探尋之路的人指引方向，無論處於人生的哪個階段。她用簡單明瞭的話語，邀請我們將視角從小我轉向靈魂，讓恐懼有機會轉化為愛。」

——拉胡・馬庫斯（Raghu Markus），愛、服務、銘記基金會（Love Serve Remember Foundation）執行董事，
Mindpod Network 共同創辦人

「閱讀一本書是一回事，在閱讀的當下被喜悅地轉化，則是另一種截然不同的經驗。瑪麗・歐麥莉一次又一次地做到了。她以鮮活而深刻的智慧，引領我們進入一種警醒、務實且具有轉化力量的意識狀態。她的教導直接、充滿生命力，悄悄引領我們走出困擾的情緒與飄忽的思緒。她所帶來的禮

物無法衡量，因為那份臨在深深扎根於當下，也與永恆緊緊相連。」

——大衛．西爾弗（David Silver），Mindpod Network 共同創辦人，電視導演／編劇

這本書獻給我的摯友兼工作夥伴瑪莉蘇・布魯克斯（MarySue Brooks）。感謝你分享的智慧洞見以及對這本書的付出。這本書得以完成，你的參與、專業、貢獻和真心都是不可或缺的養分。一路相伴走來，我對你的感激已經超越文字所能形容。

推薦序

／尼爾·唐納·沃許，經典暢銷書《與神對話》作者

我小時候經常說：「生活明明很簡單，為什麼大家把它弄得這麼複雜？」我不懂為什麼同學每到大考或成績公布時就慌成那樣，也不懂（即使是我七、八、九歲時）為什麼爸媽經常在家裡爭吵，為什麼媽媽如此擔心各種事。

我始終不明白，為什麼有人會對所有事都感到擔憂，讓自己從開朗變得易怒，從快樂變得煩躁，從內心平靜變得焦慮不安。

不知道為什麼，我總覺得一切總會有辦法解決，事情也的確一直如此。雖然結果不總是照我想像或希望的樣子出現，但總會帶我走向對自己最有幫助的地方。我很快就意識到這個道理，也開始相信「這就是人生」。

如今，傑出的心靈導師瑪麗·歐麥莉透過這本書，用簡單易懂的方式說明我們一直以來想不透的事。

我對這本書充滿期待，我認為這是很長一段時間以來最重要的著作，並且深信絕對會是你讀過最受用的書。

這本書談論該怎麼如實面對當下發生的每件事，無論順境或逆境。諷刺的是，往往正是最艱難的時刻，反而最能幫助我們學會和生活好好相處。

我曾經以為自己懂得怎麼面對人生起伏，但當我走過那些最難熬的日子時，我真希望身邊能有這本書陪著我。就像所有人一樣，我也有過非常艱難的時刻。在那些時候，我很容易忘記自己曾經懂得的一切。

如果當時我有什麼能夠依靠，幫助我理解發生什麼事，告訴我如何撐過去，我願意付出一切代價。如果能更早擁有一套清楚的方法，好在遇見挑戰時能有所準備，我會把那視為此生最大的禮物。

我可以向你保證，你很難再找到比這本書更能把人生講得清楚明白的文字，也很難再找到更實用也更有力量的方法，讓你在最困難的時刻不至於迷失。

從小我就隱隱約約知道，人生不需要像我看到的大人那樣弄得一團亂。但我無法解釋為什麼，更說不出該如何做到。

如今，瑪麗．歐麥莉做到了這兩件事，這是她給予我們最珍貴的禮物。

如果你（或你在乎的人）正在經歷人生的艱難時刻，我相信沒有比這本書更完美的資源，也沒有比瑪麗更慈悲為懷、更懂得理解、更具靈性覺察、更善於情感表達、更有心理學洞察、更有能力與才華的導師了。

簡單來說，這本書會為你指出一條更美好的人生道路。你不需要等到任何事情改變，就能保有內心的平靜、外在的喜悅與完整的幸福感。它不是一套抽象的理論，而是真正能在生活裡使用的指引，甚至就像一本「人生操作手冊」。

當你的靈魂把你帶到這裡，它很清楚自己在做什麼。你心裡也知道，你絕對不是「碰巧」遇見這本書。那麼，就盡情汲取書中的智慧吧，把它作為眾神的甘露，細細品味吧。

瑪麗．歐麥莉，謝謝你。因為有你在，我們的日子變得更豐盛，我們曾經受傷的部分，也慢慢得到療癒。

目錄

CONTENTS

第2章　重新認識內在草原

第3章　恐懼，往往沒有想像中可怕

目錄

CONTENTS

第5章　好奇心的療癒力

第6章　直觸生命

目錄
CONTENTS

第8章　一切安好，駐足當下吧

第9章　生命爲你而在

目錄

CONTENTS

第10章　心之歌

前言

蛻變從此開始

我誠摯地邀請你，踏上這一生中最重要的旅程：重新與自我建立真誠的連結，並與生命建立充滿信任的連結。這趟旅程會向你證明，無論人生發生什麼事，幸福感總會一路相伴。

如果你和大多數人一樣，那你只能偶爾瞥見這份幸福。這可能是因為你的內心深信自己「還不夠好」，或者深信只要「修正」自己或生活，就「有資格」得到渴望的平靜與快樂。於是，你把生活變成持續進行中的計畫，總是為了欲望、金錢、人際關係和健康苦苦掙扎。比起得到平靜與快樂，你很可能總是感到隱約的不安，而這種情緒時不時會爆發，讓你陷入混亂。最後，你的生活由一場等待你體驗的冒險，變成一連串必須解決的問題。如果誠實面對自己，你就會發現這種「修正」從未換來平靜、幸福或放鬆。

我也曾在這種掙扎的狀態中生活了很多年，所以能切身體會「修正模式」帶來的深刻痛苦與悲傷。那時的我很難控制自己，有時甚至萌生自殺的念頭，覺得自己毫無價值。大多數時候，我都感到隱約的不安，並且經常演變成恐懼、絕望和廣泛焦慮。這些感受會以各種形式出現，比如內心反覆掙扎、胃部劇烈痙攣，還有因為強烈渴望逃離生活而引發的嚴重頭痛。我的體重暴增，用酒精把食物沖下肚，並吞下任何能取得的藥物。

我認為自己是有缺陷的，因此試圖擺脫我不喜歡的部分，並緊抓著我喜歡的部分。但每個部分似乎都有自己的生命，總是在我不希望它們出現時浮現，並在我希望它們停留時消失。我也拚命去理解這一切，卻只感到無止境的困惑。

直到我懂得傾聽自己，才重新敞開心扉。我不再總是陷入「修正模式」，而是學會真誠面對自己。我放下批判、修正、排斥以及「拚命想理解」的念頭，讓自己進入更自由、更包容的心境。我學會無論處境好壞都活在當下，也學會在內心深處接納自己，即使是那些無法接受、難以面對的部分。

慢慢地，如同晨光驅散黑暗，我找回了自己。我也學會全心投入這場偉大的生命旅程，不僅是日常意義上的生活，還有每個人和每件事中展現並流動的智慧進程。我不再一味追求創造更好的生活，而是全然面對現實。

揮別長久的不安之後，我開始感受到更多快樂、信任與愛。我的脆弱完全消失了嗎？並非如此。這些感受永遠是我的一部分。脆弱是人類不可或缺的部分，也是重新回到平靜、快樂與愛的大門。現在，這些脆弱安放在我內心的遼闊空間。當生命的驚滔駭浪再次喚醒這些脆弱時，它們不再主宰一切，而是使我的心更加敞開。

我告訴你這些，是為了讓你知道，我在書中分享的內容都來自真實經歷。生命並沒有讓我迷失在黑暗深淵中，而是向我展示了從封閉與掙扎走向豐盛與幸福的道路。自從三十多年前我開始分享自己的心路歷程以來，已經引導了數千人踏上回歸自我與生命的旅程，而他們每一位也都反過來幫助我把回歸生命的道路看得更清楚。

在這本書裡，我邀請你踏上重回平靜與幸福的旅程。你將在旅途中學會如何看透「掙扎遊戲」，真切體驗全然活著的喜悅。掙扎就像厚厚的雲層，裡面滿是各種故事，讓你與天生的喜悅和平靜失去連結，而你從小到大都被教導要相信這些故事。掙扎雜揉著恐懼和批評，讓你對悲傷、憤怒、孤獨與絕望毫無招架之力，陷入其中的你不僅要跨越難關，連紅燈秒數、衣服上的汙漬或鼻子的形狀等小事都看不順眼。不過，你將學會不再被心智對掙扎的執著所誘惑，看見你被灌輸去相信的故事，並且給予它們足夠寬廣的接納，讓它們得以被放下。你還將學會脫離掙扎帶來的恐懼、渴望、暴躁和悲傷，不再依賴強迫行為或與人爭執，而是讓一切輕盈地成為雲煙，因為你知道不論什麼時候，即使生活的某個部分出現問題，也撼動不了整體的平靜。

你也將學會誠實地面對自己，把自己的所有部分都安放在內心，即便那些不討喜、不可愛的部分也不例外。你不再是生命挑戰的受害者，而是能從中收獲隨之而來的寶藏。你將發現生命並非一連串隨機事件，而是專為你展開的旅程。你生命中的每一件事，尤其是那些挑戰，都是為你量身打造，好讓你看清自己內心編織的掙扎故事。你會明白自己所經歷的一切，其實都是通往療癒的道路。你將停止與挑戰對抗，並學會傾聽它們，讓它們引領你回到自己的心。

最後，你將重新學會再次向生命敞開心扉，就在此時此刻，無論身在何處，無論發生什麼事，都能感到安適自在。這段旅程中的每一段經歷，都會給予你足夠的安全感，讓你有勇氣全然投入這場名為生命的偉大冒險，不再追求生命「應該要有的模樣」，而是坦然接受它的真實面貌。這正是你內心深處的渴望：與生命建立親密的連結。你渴望回應生命此刻所帶來的一切，而不是想要改變當下的經歷。你渴望放下不斷嘗試、抵抗和評價自己「做得如何」的習慣，讓自己放鬆地融入生命，體驗全然投入與活在當下的喜悅。

神話學家與作者喬瑟夫・坎伯（Joseph Campbell）在其著作《神話的力量》（*The Power of Myth*）說道，「有人說，我們都在尋找生命的意義。但我不認為這是我們真正在尋找的。我認為我們真正在尋找的，是那種活著的體驗，好讓我們在純粹的物質層面上的生命經驗，能夠與我們內心最深處、最真實的存在產生共鳴，讓我們真切地感受到活著的狂喜。這才是我們真正想要的。」

坎伯所說的正是這本書的核心：**邀請你全然體驗當下的生命，再次感受到活著的狂喜。**

本書一共分成十個章節。第一章會說明你的掙扎是如何變成厚厚的雲層，最終將你籠罩，使你看不見自己內在與生俱來、本然安好的「草原」，也看不見與生命的真實連結。你還會認識不斷編織故事的「說書人」，並學習運用「慈悲的好奇心」（compassionate curiosity）讓其安靜下來。第二章會進一步探索草原的特質。第三章則探討讓說書人喋喋不休的核心動力：恐懼。你會發現自己其實有能力看透它編造的各種故事。到了第四章，你將邁出重要的一步，明白這段蛻變旅程並不需要你孤軍奮戰，只要願意尋求，就能獲得幫助。

有了前四章的基礎，第五章會探索對當下經驗保持好奇的力量，第六章則會引導你將這份好奇心的力量融入日常生活中。第七章會談論你內心的療癒力，而在第八章，你將運用這份療癒力，去觸碰內在最深層的執著與緊縮。

到了第九章，你將重新連結自己與生俱來的信任之心。而在第十章，我們會把這一路所探索的內容，總結成四個指引，幫助你從容面對生命帶來的一切。當你抵達本書尾聲，你會發現書中所探討的內容具有改變世界的力量。

如何充分使用這本書

明白本書想傳遞的概念固然重要，但要真正體驗到「全然活著」的狀態，還必須親身去經歷這些內容。你可能對於向生命敞開心扉還存有抗拒，雖然這是我們內心深處的渴望，但這同時也令人感到害怕。我會分享兩種方式來協助你穿越這些抗拒，並與文字背後更深層的真理連結。

首先，在每一章中，我都會邀請你暫停片刻，與當下所提及的內容建立連結。這能讓你放下掙扎，敞開自己去迎接此時此刻的生命，將注意力浸入內在體驗之河，讓生命匯流其中。你可以先停留在理解文字的層面，這本身也是重要的階段。但總有一天，我們會準備好超越純粹理解，真正去體驗文字的深意。你無須費力思考那是什麼，只要發現自己能放下掙扎的遊戲，與當下的生命重新連結即可。

其次，我在書中設計了為期十週的內在練習，讓你能夠真正去體驗每一章所提及的內容。這個練習放在各章最後的「憶起」單元。我取名為「憶起」，是因為書中所提供的一切，其實你早已知曉，只是暫時遺忘而已。「憶起」同時也有「重新結合」的意義：我們不再視自己為被分裂、切割開來的一部分，而是重新發現生命的完整性，以及自己作為其中必要一環的意義。當我們越能清除那些掙扎的故事，就越能重新結合，並把自己放回生命的浩瀚長河中。

每一章結尾都會提供一則「憶起宣言」，它凝聚各章節所探討內容的精華。這些宣言來自你內在超越掙扎的部分，能幫助你在日常生活中隨時與自己所學到的智慧重新連結。你可以把這些語句寫在便利貼上，貼在生活空間的不同角落；也可以將它們與你每天反覆做的某個動作連結起來，例如上廁所或接電話。你甚至可以在有意識地呼吸時，把它當作一種內在肯定語來使用。

這些宣言也能幫助你更認識那個時不時與內在產生衝突、「掙扎的自我」。你可以留意自己的心什麼時候敞開接受這些語句，又在什麼時候產生抗拒。請記住：當你對某些語句提出疑問時，那不過是「掙扎的自我」正在說話。

如果當週的宣言對你沒有太大共鳴，不妨問問自己：這一章哪些部分最觸動我？把你的感受濃縮成一句話，作為接下來這一週的宣言。我也鼓勵你每天保留一些獨處的時間，練習看見、聽見自己的內在體驗，而不是又一次被掙扎的遊戲誘惑。我把這樣的練習稱為「憶起時光」。透過這些片刻，我邀請你把每章所探索的內容帶入當下的親身經驗中。

這乍聽之下很像冥想，但從傳統意義上來看，這並不完全符合冥想的定義。你不需要強求發生什麼事，也不需要努力讓自己進入更好的狀態或改變當下。你真正要做的是訓練自己的注意力肌肉。有了這份注意力，你就能對正在發生的事情保持好奇，學會與當下經驗建立新連結，而不再把它視為問題。當你的注意力與當下經驗真正連結時，就會超越內在那片掙扎的雲層，重新找回自在、平靜與幸福。

「憶起時光」能讓你更深入認識自己的心智。如果你和大多數人一樣，可能會發現自己的心智有時候會在練習中掙扎。它會想要把練習做對，然後再評價自己做得怎麼樣；它常常會感到無聊，或者乾脆放空。很多人覺得自己所謂的「冥想」總以失敗告終，正是因為我們總是試著把冥想「做好」。但是，如果你明白在每日的「憶起時光」出現的任何狀態，都是當下所需要的，以及當你能夠保有好奇心，就已經脫離掙扎的遊戲，這份體驗將全然不同。

每週的第一天，我建議你先仔細閱讀當週「憶起時光」的指引，然後閉上眼睛開始探索。指引後面也會提供一個簡短版本，方便你在接下來的每一天練習。

許多人發現，越早在一天之中練習與自己建立連結，越能為這一天定下基調。如果你無法在一大早進行，也請找到適合自己的時段，定期進行每週的「憶起時光」。

同時，你也可以在日常生活中，隨時花一兩分鐘的時間，好奇地感受自己正在經歷什麼。就像之前提到的「憶起宣言」，將這份好奇與你每天重複做的事連結在一起，例如吃飯、上廁所或接電話，都很有幫助。

我設計的練習以十週為一個週期，你可以用七天的時間，好好連結每一章的核心發現，並體驗它們在你生命中的迴響。不過我也鼓勵你按照自己的節奏前進，無論是想在某一章停留數週，還是想一週探索兩章都沒問題。雖然這些練習能讓你更深刻地吸收書中的智慧，但如果你暫時不想進行，也請尊重自己的感受。你仍然會從書中得到你需要的部分。信任自己，並在適合的時候敞開自己迎接這些練習。儘管確實有一條從「經營生命」到「成為生命」的路，但每個人都有獨一無二的表達方式。最重要的是，去吸收那些真正與你共鳴的部分，其他的就讓它們順其自然。

我們這段共同旅程的核心，是打開你內在被封閉的部分，讓一直被困在「掙扎的自我」中的能量得以釋放，讓你重新認識全然活著的喜悅。其實，幸福就在當下。你不需要去追尋它，也不需要修正自己才能感受到它，甚至不必改變生活中的任何事情。當你學會鬆開「掙扎的自我」，與生俱來的幸福感就會顯現。

我想代表生活在這顆藍綠色美麗星球上的每個人，感謝你願意踏上回歸生命的旅程。當你在幸福草原中發現並活出真實的自己時，你的生活將被徹底改變。當你的生活產生變化，也會影響往後遇見或甚至只是想到的每一個人。當你走出掙扎的世界，就能夠真實地活在當下，擁抱生命的壯麗與神祕，散發出幸福的光芒。當一個人懂得如何活在當下，自然會成為一種邀請，鼓勵周遭的每一個人放下對掙扎的執著，重新回到全然投入當下生命的喜悅裡。為了所有眾生的療癒，生命正在引領你回到內在的安好。

你準備好踏上從掙扎走向幸福的旅程了嗎？如果準備好了，讓我們一起出發吧。

第1章

一切都好；眞的，一切都很好

想像有這麼一天，一切都很好，不只是「還可以」，而是真的「很好」。也許是剛剛展開新戀情，或得到渴望已久的東西；也許你正無憂無慮地度假，躺在沙灘上，感到相當滿足。讓那些「一切都很好」的畫面充滿你的心。盡情投入吧！讓那份「很好」滲入你內在的每個角落，讓它充滿你的心智、身體和內心。

現在請留意當你透過想像敞開自己迎向「一切都很好」的喜悅時，自己正在經歷些什麼。你的心智也許會產生「一切都無須做出任何改變」的感覺；你的身體也許會體驗到深層的放鬆，讓喜悅自然綻放。你的內心變得開闊、豁達又輕盈。

如果你知道一切其實一直都很好，會是什麼樣子呢？這不代表人生從此一帆風順，而是你不會再把挑戰變成「問題」，並且能夠以清明的心做出回應。如果你能生活在這種開放、放鬆、專注、開闊的狀態中，會是什麼感覺呢？這不正是你內心深處真正的渴望：不再與生命對抗，全然體驗當下的生命嗎？這是辦得到的！事實上，你生命中的每件事都是旅程的一部分，會帶領你認識並安住於超越掙扎的地方。

對「更好」的迷思

我們都渴望那種「一切都很好」的感覺，但這種感覺似乎總是遙不可及。如果仔細觀察自己一整天的心智活動就會發現，你的心並沒有安住在平靜中，反而是在追求「更好」，更好的身體、更理想的伴侶、更完美的冥想、更棒的車子，更聰明的頭腦，這樣的心智相信只要能把生活變成自己想要的樣子，就會感覺非常好。

同時，你可能花費許多精力，試圖除掉那些自己不喜歡的部分。你希望所有的渴望與抗拒終有一天會安撫腦中那個咆哮的聲音，它總是告訴你「你和你的生活必須和現在不一樣，這樣一切才會好起來」。當這些掙扎並沒有帶來持久的滿足，你又會轉向各種能讓人麻痺的強迫與成癮行為，試圖在其中尋找片刻安慰。

當你誠實地看待自己對「更好」的追求時，會發現這個方式並不管用。或者，更準確地說，它或許在短暫的片刻裡管用，卻會使你陷入一個信念：只要你做得夠好，只要你把自己和生活徹底改造成理想模樣，就能擁有那份深深渴望的幸福。不過，你有沒有發現，每當你認為自己和生活終於被拼湊完整時，它們從來都無法真正停留在那樣的狀態？

有一點非常重要，我並不是在貶低心智。心智是自宇宙誕生以來，生命歷經一百三十八億年的演化，才逐步形成的精妙產物。生命賦予心智的角色，是作為穿越生命旅程的工具，而非生命的主宰。心智是非常出色的僕人，卻是糟糕的主人。當你讓它掌控整個生命，它就會創造出充滿掙扎的世界，讓大多數人終日與平靜和喜悅失之交臂。

你越能運用自己的心智，不讓它反過來凌駕於你，就越會發現幸福其實是與生俱來的，無論生命中發生什麼事，它一直都與你同在。只不過你總是拚命向外追求，以至於看不見它。而你之所以遍尋不著，是因為你從未失去它。你可能會感到憤怒、絕望，甚至恐懼，但即使陷入掙扎，你與生俱來的安好狀態依然存在。你可以學會認出那個超越掙扎之地，並從那裡展開生活，不論此刻正在經歷什麼。

閉上雙眼，傾心聆聽。此刻，四周有各種聲響。為了讓心保持專注，試著數數看，你能聽見多少種聲音。數完之後張開雙眼，你會意識到奇妙的體驗：有那麼一會兒，你的目標並不是思考生命，而是透過傾聽直接體驗生命。實際體驗和單純思考全然不同。

內在的草原

想像一片美麗的草原，在陽光明媚的清晨閃耀著光芒。這片草原上盛開著五彩繽紛的野花，伴隨著觸動人心的鳥鳴樂曲。石楠花的清香以及四周群山的純淨之美，更是為這裡增添一抹寧靜。

這片草原象徵著生命核心的美好體驗。因為你本來就是生命的一部分，所以這片草原也存在於你內心深處。當你還年幼時，曾經生活在這片美好之中。你可能早已遺忘，但那時的你沒有任何雜念，過去與未來毫無意義，只有當下真實存在。你並不追尋更好的狀態，所以對一切敞開心扉，生命本身就很美好。即使痛苦難受，你也只是全然去體驗它，而不是把它們變成問題。

現在，想像自己是那個住在草原上的小孩，對每一個當下的新鮮與驚喜都感到著迷，對一切保持敞開。天空中的雲朵來了又走，笑聲和淚水也是如此，內在與外在的一切都自然地流動。

當你逐漸長大，你開始對自己與生命訴說各種故事，任由各種念頭進入腦海。

於是，天空中的雲朵變得低垂，並在你的腦海四處盤旋。起初，這些雲朵還只是輕盈的薄霧，並不會完全擋住你和草原。但隨著時間過去，通常到了青少年時期，這些雲朵開始完全將你包圍，占據了整個腦袋。此時，你再也看不見那片草原，只能看見不斷變幻的雲朵。

這就是多數人的狀態：被籠罩在對生命的各種想法所形成的雲朵中。大部分時候，他們並沒有直接體驗生活，而是和生活不停拉扯。絕大多數的拉扯都很微小，像是看不順眼亂翹的頭髮，或者對漫長的紅燈不耐煩；有時候這些拉扯也會演變成全面角力，最終帶來孤獨和絕望。還記得你第一次看到鳥兒的時候嗎？那時，牠對你而言是既新奇又神祕的。你不是用腦袋裡的知識去定義牠，而是在當下全心感受牠的存在。隨著年紀漸長，你開始把鳥簡化成一個念頭：「那是一隻鳥。」漸漸地，你被喜不喜歡、想不想要、應不應該、好壞、對錯等念頭制約，不再直接體驗周遭的世界，與生活的拉扯也因此不斷上演。這些拉扯一層層累積，將你與生命深處那片草原隔絕開來。

你或許很難察覺到，自己其實已經被心智裡的雲朵同化了，因為你已經很久沒有長時間待在那片草原了。就像大多數人一樣，你大概已經習慣了那種慢性、消極的抵抗，也就是相信自己的念頭都是真實的，並且深信只要能把這些念頭調整成自己想要的樣子，一切就會變得很好。你可以中大獎，或是一直保持正面思考，每天花好幾個小時冥想，追求嚮往的心靈狀態，甚至可以整形讓身材看起來完美無瑕；然而，這些都不夠，因為它們都不是那片草原。它們只是尋找草原的手段，最終只會讓雲朵越積越厚，與生活的拉扯也越來越激烈。

喋喋不休的說書人

說書人正是那些雲朵的聲音，你應該不陌生，就是那個整天在腦袋裡喋喋不休的聲音。如果你額頭上有一扇可以打開的小門，你會看到說書人總是在對一切發表意見，喜歡這個、不喜歡這個；該這麼做、不該那麼做，而且能在幾秒內就換個主題；它毫不留情地批判，不只對別人，對你也不例外；它害怕生命，也害怕自己的恐懼，更害怕孤單無依。

因為說書人總是想把一切做對、做到完美，它不停操縱、嘗試、期待、渴望、發怒、抵抗，並且生出一切感受，像是恐懼、悲傷、自我批判、憤怒、懷疑、困惑、煩躁、絕望；它也會生出愛、善意與平靜，但這些感受通常只在說書人得到想要的東西時才會出現，一旦事與願違，所有發自內心的感受通常會瞬間封閉。

如果仔細觀察，就會發現說書人總是迷失在掙扎遊戲裡，從日常生活的小事，比如排隊太久、口紅顏色不滿意、電視被轉台、胖了幾公斤，到更大的事件，比如「他拒絕了我，我無法忍受孤單」、「我摸到胸口有個硬塊，是不是快死了」、「如果找不到工作，我會失去房子，最後只能流落街頭」。說書人非常擅長把念頭災難化，讓你緊繃、焦躁，無法理性回應生命中的挑戰。

當你與生命失去連結，說書人就會出現。你相信自己與那片草原是分離的，於是認為必須不斷努力「經營」生命，而不是單純地「成為」生命的一部分。說書人的各種念頭的確是精巧的工具，能夠幫助你穿梭在現實世界中；然而，這些念頭並不等於現實生活。說書人不是那片草原。它編織出關於草原的想像，並且試圖尋找草原，而這樣的追求只會帶來更多掙扎。它還習慣性地對生命做出各種反應，而不是去回應生命。

現在，請想像有一位來自外星的旅人降落在這片草原上。他看到你待在草原裡，卻被一層又一層的雲朵籠罩，與生命拉扯著，而非敞開自己迎向生命。他看著你在草原上四處奔走，雙腳和雙手從雲朵中露了出來，其中一隻手握著捕蝶網。這位外星人憑直覺判斷你正在抓蝴蝶，因為你相信只要抓到足夠多的蝴蝶（金錢、成就），而且還得是「正確」的蝴蝶（真命天子、理想身材、合適髮型、夢幻工作），你就會得到幸福。

外星人也看到你另一隻手握著蒼蠅拍，他再次判斷這是因為你相信只要擺脫不完美的事物，比如你的大鼻子、伴侶惱人的行為、你的焦慮，最終就能迎來美好。

外星人看著你在草原上橫衝直撞，拚命追求你喜歡的、逃避你不喜歡的。他發現你的追求與抗拒，也許偶爾能帶來「一切還不錯」的感受，但從長遠來看只會讓雲層更加濃密。他也看到你一再渴望人生變得不同，然而只要現實無法如你所願，你就會陷入停滯，或者在絕望中迷失。這讓外星人感到困惑，因為他看得很清楚，你所對抗的不過是些虛無的雲朵而已。更令他不解的是，你如此拚命追求的平靜，其實就在你所處的草原裡。他知道幸福草原始終與你同在，只是你沒意識到這一點。

這本書的核心理念是：**你從未離開草原**。我會不斷提起這件事，因為我們內心的掙扎雲層有時厚得令人看不清方向。但事實是，你從來沒有離開過草原，只是你早已習慣把注意力放在腦海中的故事，也就是那些雲朵，因此忽略了草原一直都在自己腳下。

持久的平靜其實是你的自然狀態。你渴望的一切，還有你真正的本質，早已存在於**當下**這片草原中。你需要做的只是敞開自己與生命同在。敞開的意思是願意如實體驗此刻正在發生的一切，無論順遂或艱難、欣喜或悲傷。也就是說，你願意真正接納這場屬於你的生命旅程，而不再執著於將它改造成你想像中的模樣。

> 試著敞開心扉，接受這個可能性：正在閱讀這本書的你，此刻就已身處幸福草原。

重新打開你的心扉

當你意識到自己一生都在追逐愉悅的狀態、抗拒不舒服的感受，而這一切從未真正帶來你渴望的平靜時，是一種驚人的覺醒。與其不停尋找某個生命中的「巔峰體驗」，不如想像一下，如果你能放鬆地流動在生命之中，即便是困難的經歷，也都能成為你此生最深刻的體驗，會是什麼感覺呢？這樣徹底的接納，會帶你回到那片幸福的草原。

你的心知道如何敞開迎接一切。當你被掙扎的雲朵纏住時，只能透過心智去體驗生命，而心智的本能是抓取與抗拒。但當這些雲朵漸漸變薄，你便開始能透過內心去感受生命。這正是你記起草原始終都在的關鍵。

我們有必要超越相對狹隘的觀點來擴展「心」的定義。從古老的阿育吠陀醫學，到幫助人們連結心與腦、深化人際連結的現代心能商數協會（HeartMath Institute），許多智慧結晶都告訴我們心是生命的核心。這裡指的不是那顆日夜跳動的器官，而是心的能量本質。心不僅僅關乎感受，它是位於胸口的能量中心。當你的心敞開，它的智慧能量就會充盈你的整個存在。

現在，請想想一位你非常關心的人，讓自己真切地感受那份關愛。如果你仔細留意，會發現胸口的能量開始敞開。接著，回想一個你曾經非常生氣、充滿防衛的時刻，你會發現胸口的能量瞬間緊閉。再一次想想那位你關心的人，讓你的心再次發光。

你真正的智慧、療癒與愛的源頭，其實來自於心，而不是腦。你的心非常聰明，它知道如何與生命共鳴、彼此連結；它懂得包容，而不是排斥；它選擇接納，而不是評斷；它懂得允許，而不是對抗。當你學會用心去感受，而不是用頭腦去分析，你的生命體驗將截然不同。

孩提時的你曾敞開心扉，後來卻和多數人一樣，因為害怕而關上了心門。為了避免一次次經歷心碎的痛苦，你逃進了自己的頭腦裡。你就像沉睡的睡美人，被念頭的紡錘刺了一下指頭，心的力量就此沉沉睡去。

你就如同那位睡美人，也能夠再次甦醒。當你重新學會傾聽內心、再次信任它，你會發現，心才是你此生最睿智的嚮導與摯友。它是你那股蓬勃生命力的守門人。你的心越是封閉，便越容易感到低落，越與生命的流動脫節；而你的心越是敞開，就越能連結你與生俱來的平靜、幸福、自在，不論外在發生什麼事。

我們的確可以不再讓那個充滿反應的頭腦，掩蓋住內心本有的智慧，而這正是我們這段旅程的核心。當你能夠看透那些雲朵，讓內心再次感到安全而願意敞開時，生命便不再只是腦袋裡的某個「客體」，而成為你內心真正感受與連結的

「主體」。你內在的每一個部分，即便是那些曾經被你貼上「不可接受」標籤的部分，都會被重新編織進你心中。而你看待他人的方式，也會從頭腦裡的渴望與抗拒，轉變為透過內心去感受，即使面對那些難以相處的人也不例外。

> 將你的注意力帶到胸口正中心，讓每一次深呼吸的氣息流過其中。如果你從未這麼做過，不妨想像在胸口有個小小的鼻子，讓你能夠從那裡吸氣與吐氣。現在，想像你的胸中有一團微小的火焰，每一次吸氣，火焰便會更加明亮。

慈悲的好奇心

要如何重新發現那片草原，不再任由各種念頭擺布？關鍵不在於努力回到草原，那樣只會帶來更多掙扎；再說，你從來沒有離開過草原，只是誤以為自己離開了。

真正的關鍵是理解那些雲朵，而不是拚命修正、改變或擺脫它們。想要理解它們，就得學會對內心活動和外在世界保持好奇，這樣才能看清楚說書人在做什麼。你觀察越深入，就越不容易把這些故事當真，也就越能鬆開對它們的執著。我稱這是「透過觀察，鬆開執著」。

想像自己被恐懼的巨浪吞沒，腦袋混亂不已，胃裡像打了個死結。就在這時，好奇心浮現了。你開始察覺自己的腹部正在緊縮，腦袋也不斷打轉。你不再被恐懼吞噬，而是選擇與它同在：「這只是恐懼，我可以對它保持好奇。」就在那一刻，你不再陷入心智對當下經驗的抗拒，而是把注意力轉向實際正在發生的事。

重新與當下連結，意味著在還沒用頭腦分析之前，先接觸此刻的真實經驗。這聽起來或許微不足道，但實際上意義重大。這使你能夠稍微退一步，開始與恐懼建立關係，而不是被完全吞沒。你對內在狀態的覺察，也許只能維持短短的一瞬間，下一秒恐懼可能再度捲土重來，但那一瞬間依然相當重要。學會看清自己的心智正在做什麼，而不是被它牽著走，是脫離掙扎遊戲的關鍵。

對自己正在經歷的事情保持好奇的能力，會讓你獲得內心智慧，安心地面對自己所有的故事，以及這些故事所引發的感受。如果你和大多數人一樣，很可能會對這些在你內心形成雲朵的故事感到羞愧或害怕，於是把它們深深埋藏起來。一旦它們浮現在你的意識中，你很可能會開始責怪自己，並花費大把力氣忽視或擺脫它們，但念頭其實和我們一樣，遭受批評會反彈，得到傾聽才會慢慢放下。

你可以學會用慈悲的好奇心去面對腦海中的每一個故事。你越是以慈悲的關注之光照向困住你大半人生的故事，它們就會逐漸散去，就像被陽光溫暖觸及的雲朵一樣。那一刻，就好比有一道門重新打開，讓你再次踏進那片幸福的草原。在那裡，無論你的人生發生什麼事，一切都很好。

> 暫停片刻，再次聆聽生命。你聽到了和前幾頁的練習中不同的聲音。在這短暫的練習中，你不是單純用頭腦去思考生命，而是發自內心對生命感到好奇。

阻礙即是道路

當你越是對自己的經驗感到好奇，而不是急著想去改變它時，你越有可能發現驚人的真相：你本來就知道如何與生命合作，無須總是想著要改變它。你也會發現，沒有任何事物、任何人、任何經驗，能夠帶給你深刻而持久的平靜，那份平靜只有當你敞開自己接納生命時才會出現。於是你不再執著於「創造自己想要的現實」，而是願意如實地活在每個當下。

隨著你對生命的好奇心逐漸旺盛，你會越來越清楚地意識到：**生命其實一直都站在你這邊**。當你還被掙扎的雲朵包圍時，要看清這個真相是非常困難的，甚至幾乎不可能。我會在後面的章節深入探討這件事，現在你可以先知道：隨著雲朵散去，你會發現生命值得信任。當然，生命不總是美好，但阻礙即是道路。這種信任並不代表你會得到「自己想要的」，而是代表你會得到「真正需要的」，好讓你走出掙扎之雲。真正的信任不只出現在順境當中，也存在於那些艱難的時刻。真正的信任知道生命中的每一個挑戰都是為了你而來。它們就像生命用螢光筆標出的重點，提醒你看見心智創造的雲朵，讓你用慈悲的關注之光，慢慢使它們散去，重新看見當下身處的草原。

隨著你內在慈悲的好奇心逐漸成熟，並引領你回到與生俱來的信任狀態時，你會開始放鬆，讓生命自然地流經你，而不是拚命抗拒或緊抓不放。你的生活會變成未知而豐富的冒險，每一刻都可以選擇敞開自己體驗活著的喜悅，或是繼續迷失在與生命拉扯的故事裡。隨著雲朵漸漸散去，你的能量會越來越敞開，而你與生命的連結也將越來越深。

> 放下書中討論的一切，用任何召喚著你的感官直接感受生命。去聆聽，去看見，去觸碰，感受它在體內流動。這是絕無僅有的嶄新時刻。光線的質地不一樣了，身體的感覺不一樣了，甚至傳入耳中的聲響都是從未聽聞的。智慧在此流淌，你可以透過內心主動感受。只要你願意，無論兩秒鐘或十分鐘，跟隨這股智慧之流吧。

章節重點

每一章最後都會列出章節重點，並預留空間讓你記下最觸動你的內容。這部分能幫助你在憶起練習中，有意識地覺察正在發生的感知轉變，並把這份覺察放在心上。

- ☑ 不管你的心智怎麼説，一切其實一直都很好，也會一直安然無恙。
- ☑ 你的腦中有位説書人，整天説個不停，卻從未真正察覺與生俱來的美好。
- ☑ 説書人總想要「經營生命」，而不是敞開心去迎接它。
- ☑ 你渴望的一切，以及你真正的本質，其實始終就在此時此地。
- ☑ 通往自由的大門，來自願意對掙扎的雲朵保持好奇。
- ☑ 你越是以慈悲的關注之光照向困住你大半人生的故事，它們就會逐漸散去，就像被陽光溫暖觸及的雲朵一樣。
- ☑ 當你學會用心去感受，而不是用頭腦去分析，你的生命體驗將截然不同。

- ☑ 生命值得信任。生命不總是美好，但阻礙即是道路。
- ☑ 信任並不代表你會得到「自己想要的」，而是代表你會得到「真正需要的」，好讓你走出掙扎之雲。
- ☑ 生命中的每一個挑戰都是為了你而來。它們就像生命用螢光筆標出的重點，提醒你看見心智創造的雲朵，讓你用慈悲的關注之光，慢慢使它們散去，重新看見當下身處的草原。

憶起練習・第一週

本週宣言：

當下就是生命，一切安好。

你的宣言：

ꝏ

憶起時光

現在，我們要訓練注意力肌肉，好讓你學會如何真切地覺察自身的經驗。找一個舒適並且不會被任何人、事、物打擾的地方。我們將從放鬆你身體長期緊繃的部位開始，接著將注意力引導至呼吸。呼吸是生命的基礎旋律，自你出生那刻起便始終伴隨著你，無論生活中發生什麼事，它從未停止。

請先閉上眼睛，花一點時間去感受：你生命中數百萬個瞬

間，都帶領你來到了這個獨一無二的當下。你現在並沒有在看電視、洗澡或吃早餐，而是閉著雙眼坐在這裡，懷著對當下的好奇心。試著去留意，在這一刻你能感覺到什麼。

下一次吸氣時，請繃緊你的肌肉。更緊一點、再緊一點。然後，在吐氣時，請慢慢地——非常緩慢地——徹底放鬆，同時發出象徵釋放的聲音：啊——。感受那深深放鬆帶來的暢快，讓「啊——」的聲音為你注入釋放的力量。（如果你所處的地方不方便發出聲音，也可以在心中默唸。）試著玩味這個聲音，因為你可以用很多不同方式來表達它。

這種「緊繃－釋放」的動作，能夠軟化你在日常中習以為常的身心緊張。重複這個練習至少三次。

接下來，讓你的呼吸回歸自然的節奏，並帶著好奇心，去觀察吸氣與吐氣之間有什麼不同。吸氣時，內在像被微微撐開，空氣從裡面將你舉起；吸氣將盡之際，轉化成吐氣的放鬆與釋放，又是一種截然不同的感受。片刻停頓後，再次透過吸氣讓內在充滿活力。

為了提醒自己正在隨著呼吸的波動起伏，你可以在心中默念：「吸……吐……深……緩。」吸氣時說「吸」，吐氣時說「吐」；接著一次吸氣說「深」，下一次吐氣說「緩」。你也可以把這幾個詞語寫在一張卡片上，隨時放在身邊提醒自己。在後面的練習中，我們還會再加入兩組詞語。

當你發現自己的注意力又飄向說書人，不需要責備自己。畢竟你已經習慣傾聽這些念頭很多年了。溫柔地將注意力帶回來，回到對呼吸的好奇，回到這些安定而專注的詞語上。依照當下的感受，調整呼吸練習的長度。

最後，將注意力擴展至整個身體，觀察一下，經過這段你給予自己療癒的專注時光，身體或心裡有沒有什麼變化。

當你準備好了，請慢慢睜開雙眼。

簡易版

請閉上眼睛，把注意力輕輕探向內在體驗之河，去感受此時此刻的你是什麼狀態、正在經歷什麼，又有什麼感受。

在接下來至少三次的呼吸中，吸氣時請繃緊你的肌肉，吐氣時請慢慢地——非常緩慢地——徹底放鬆，並發出象徵釋放的聲音：啊——。

接著，帶著好奇的心觀察自己的呼吸，同時在心中默念：「吸……吐……深……緩。」

如果你發現自己的注意力又飄向各種念頭，不需要責備自己，溫柔地將注意力帶回呼吸，回到這些安定而專注的詞語上。依照當下的感受，調整練習的長度。

最後，將意識擴展至整個身體，帶著好奇心去觀察，當你花了幾分鐘有意識地呼吸之後，你的內在有沒有什麼變化。

當你準備好了，請慢慢睜開雙眼。

第 2 章

重新認識內在草原

當你認同說書人，也就是那些掙扎之雲的聲音，你的生命會變得狹隘又緊繃，與內心失去連結，也與生命令人驚奇的美好與神祕脫節。而當你鬆開說書人的束縛，生命則會變得更敞開、更豁達。那是一種與你習以為常的掙扎狀態截然不同的境地。透過鬆開，你會發現如何運用心智這項精妙的工具，而不是讓它主導整個人生。讓我們花幾分鐘時間，一起探索生命驚人的創造力，好讓你親身感受那種鬆開的狀態，並重新連結你內在那片寬廣、敞開的幸福草原。

現在，想像你被送上滿是棕色塵土和岩塊的月球。當你回望地球，不禁驚嘆於生命的創造力如何迸發成各種令人驚豔的形式與色彩。棲息著五彩鸚鵡的叢林，在寧靜湖水上雄偉漂浮的純淨冰岩，綿延千里的珊瑚海，隨風起舞的草浪，還有那水汪汪棕色眼睛的海豹寶寶。

你身處的宇宙已經演化了一百三十八億年，無數星辰誕生、殞落，化作星塵，孕育出我們稱為家的奇幻神祕星球。如果你如同觀賞電影般，旁觀生命從時空伊始的流轉，你會看到行星、山岳、瓢蟲、人類……各種生命形式生生不息。

在這一切流轉的過程中，你來到了這個世上。你被賦予一份禮物：親身經歷這演化歷程的一小段時光。這是無比珍貴的禮物！想像一下，整個世界的海洋中只有一隻海龜，每一百年才浮上海面一次。再想像一下，海上漂著一個金色的環狀物，隨著風與洋流飄蕩。那隻海龜在百年一遇浮上海面時，剛好將頭穿過那個金環的機率有多渺茫？有人說，得到一次作為人類的機率就是如此珍稀。

這一刻，請讓你的整個存在向這份奇蹟的喜悅敞開。在你來到這世上之前，生命早已歷經數十億年的演化；在你離開之後，它仍會繼續流動。而在這無邊的長河中，你得以經歷其中短暫而珍貴的幾十年，親身感受這條不斷流轉的生命之河。重新與生命建立有意識連結的大門就在此時此刻。**此時**

此刻，是你人生中真正重要的時刻；此時此刻，是你重新找回內心深處的喜悅、創造力以及愛的時刻。

❖

> 將注意力輕輕探向內在體驗之河，目光放遠，敞開心扉。去看見，去聽見，去感受此刻的生活。此時此刻，與你生命中的任何時刻都截然不同。

現在，你已經意識到自己大多時候沒有全然地體驗生命。就像大多數人一樣，你在年紀還小時便悄悄脫離了生命，栽進由概念構築的世界，在那裡，心智不停運轉，編織出各種關於生命的念頭。但你很少（甚至幾乎沒有）讓自己真正去體驗「生命本身」。在你沉浸於那個充滿概念的世界之前，當你看見一隻貓時，你是真的在「看見」牠，並且真切地感受到這個生命是獨一無二且令人驚嘆的存在。然而，當你逐漸被概念的世界吸引，你便不再真正體驗生命，而是活在對生命的種種念頭之中。正如一位禪師所說：「無論你說幾次『水』這個字，都不會令你淋濕。」換句話說，無論你再怎麼深入思考生命，都無法取代親自去體驗生命。

你帶著滿腦子的念頭四處遊走，心裡渴望著直接體驗生命，卻又對此感到害怕。你在年幼時退回心智的世界，是因為生命太巨大、太不可預測，甚至讓人感到恐懼。於是，你的心智對你說：「我們來想辦法控制生命吧，這樣就能確保安全。」就這樣，你開始花費大把心力「經營」生命，努力把一切做對、做好，卻沒發現在這個過程中，自己把直接體驗生命的機會，拿去換取名為「控制」的幻覺，逐漸變成「為生活而奔忙的人」，而不是「真正活在當下的人」。

你終日被困在自己的念頭中，害怕成為真正的自己，因為你並不確定那究竟會是什麼模樣。但我可以肯定地告訴你：看透掙扎之雲，重新回到生命中，將是你此生做過最安全的決定，因為這是「回家」的旅程。至於那會是什麼樣子，又會有什麼感受，隨著我們一起探索你存在的本質，學會理解並與雲朵共處，不再任由它們主導生命，這一切將會越來越清晰。

草原的特質

在接下來的旅程中，我們會一步步探索如何看透心智創造出的雲朵，清出一條通往幸福草原的道路。不過，在開始之前，我們先來看看生活在草原上會有什麼樣的生命體驗。這相當重要，因為你從很小開始就已習慣害怕生命，如果無法親身感受擁抱生命帶來的安全與喜悅，很可能會下意識抗拒本書邀請你體驗的一切。

草原擁有五種核心特質，當你再次學習敞開自己、迎向生命，就會逐漸活出這些特質，讓它們成為你生命的根基。這五種特質是：

- 流動
- 開闊
- 光明
- 愛
- 寧靜

這些特質一直都在你心裡，就連閱讀這段文字時，它們也與你同在，它們只是被掙扎的雲朵遮住了，所以你一直沒有察覺。其實你無須刻意去尋找，只要學會讓這些雲朵慢慢散去，這些特質自然就會浮現。

在我們探索這五種特質時，必須意識到生命中確實存在暴力、混亂還有死亡。萬物在生命裡出現一段時間，然後又消逝，回到那片神祕之中。但在草原上，對這一切沒有抗拒。這些特質既不對抗也不逃避，如實接納生命的所有面向。真正的喜悅來自能夠與當下同在，無論處境好壞。如果你願意仔細觀察，就會發現新生命正是從這五種特質中誕生的。

流動

放眼望去，生命無處不在流動。溪水從山澗奔向大海，雲朵悠悠飄過天空，海洋隨著潮汐輕輕起伏。空氣順著高空氣流環繞地球時，風也在樹林間翩翩起舞。當血液隨著心臟的律動流過全身，神經細胞也正不斷傳遞著訊息。

在生命的偉大流轉中，流動體現在晝夜交替和四季更迭，死亡也是這偉大流轉的一部分。生命起於神祕，具現於各種巧思，最後萬物終將再次回歸神祕。即便肉眼無法看見的世界也在流動。能量波呈現於光，各色亦是不同頻率波的展現，聲音則是碰觸耳膜的震動波。

想像一百年前的草原，然後讓時間快轉，觀察這片土地上的變化。你會看見晝夜不停流轉，雲朵聚攏又消散，聲響浮現又消逝，春天轉為冬天，植物生長又凋落，動物誕生又離去。草原上的一切都是流動的。現在，請把視野拉遠，你會發現這樣的流動，正在整個星球的每一個角落發生。

如果仔細觀察，就會發現生命的流動中無處不是智慧。這股智慧極具創造力，讓你從小到肉眼無法看見的一個細胞，自然地發展成由數十兆個細胞組成的身體，而這一切完全不需要你費心操控。你曾經需要努力讓頭髮長出來、讓腸胃消化食物、讓心臟跳動嗎？這股智慧也聰明得令人驚嘆，它知道哪一顆微小的種子會長成參天的紅杉，哪一顆又會長成紅蘿蔔。正是這股存在於生命流動中的智慧，讓每一顆種子知道自己將成為什麼。

在宇宙萬物之中，唯一不隨生命流動的，就是我們心智中的掙扎之雲。這些雲朵讓我們產生一種錯覺：「我」在這裡，而生命在他方。心智相信自己與生命的流動是分離的，並且以為自己的任務是掌控一切。心智活在各種僵化的立場裡：對與錯、好與壞、喜歡與討厭。然而，只要你認為自己與生命是分離的，就會把生命視為潛在的威脅，並悄悄地退回心智所創造的雲朵之中，遠離生命的流動。

只要看看人們的處境，就能明白這種分離感帶來多少痛苦。大多數人的內心都存在著持續且幽微的掙扎，最後以各種形式表現出來：貪婪、恐懼、憎恨、絕望、暴力、孤獨，這些就是當今世界所承受的痛苦。隨著年齡增長，我們對「自己與生命是分離的」這個信念會逐漸加深，也讓我們與生命的流動變得更加疏遠。這種分離感正是我們開始傷害自己與他人的根源。

重新放鬆地進入生命之流，是什麼樣的感覺？與其試圖控制生命，不如敞開自己，擁抱它的流動。你知道與生命緊密連結是什麼感覺。還記得墜入愛河的時候嗎？那時你步伐輕快、整個人充滿活力，也不再需要改變任何事物，一切就是那麼恰到好處。為什麼會有這樣的感覺？因為愛讓你的心重新敞開，讓生命再次流淌進來。也難怪人們如此渴望愛情，它是少數能穿透內在掙扎、讓你真正回到當下、與生命同在的經驗。但你或許早已發現，這樣的愛往往無法持久。雲朵總會重新聚攏，生活也會再次收窄，回到無止境的掙扎。

當你學會敞開自己，順著生命的流動前行，就有可能活出那份真正的自在。要重新敞開自己，首先得明白，生命本身就是一股充滿智慧的流動。你也許並不總是理解或喜歡它，但你可以選擇信任它。每天早晨醒來時，你可以選擇欣然參與，走進這場名為生命的偉大冒險。關鍵在於學會如何接納生命所帶來的一切。當你這麼做，內在會慢慢來到另一個境界，無論你正墜入愛河、面對死亡、感到噁心或焦慮、欣賞動人的日落、和上司展開棘手的對話，或是快樂地看著小貓玩耍，都不會動搖你內在的平靜。這一切都只是生命在你那寬廣、真實的存在中流動而過。

想要融入生命的流動，對當下的任何處境敞開自己，意味著你得學會全然去感受，不執著於美好，也不封閉自己或推開困境。生命總會帶來各種極端的經驗：有時喜悅，有時悲傷；有時輕鬆順遂，有時充滿挑戰；有時令人心醉，有時則讓人難以親近。如果你的快樂仰賴於生命呈現特定的樣貌，可以肯定的是，就像潮水終會抹去沙灘上的字跡，生命的流動也終將沖淡帶來快樂的情境。如果你害怕生命中的痛苦與不適，就會不自覺地抗拒它們，使它們成為真正的掙扎。

喜悅是你與生俱來的狀態，並不仰賴生命呈現特定的樣貌。喜悅來自能夠全然參與生命的流動，不論當下發生什麼，讓生命自然地流經你，不再試圖讓它變成某種樣子。當你發現自己不必緊抓著困境，也不必執著於美好，平靜就會浮現。正如知名作家與佛教比丘尼佩瑪・丘卓（Pema Chödrön）在其著作《不被情緒綁架：擺脫你的慣性與恐懼》（*Taking the Leap*）中所說：「平靜不是一種沒有挑戰、沒有起伏的經驗，而是一種足夠寬廣的狀態，能夠容納所發生的一切，而不感到威脅。」

> 請暫停片刻，抬起頭，用全新的視角看看四周。你所看到的一切，都是生命正在流動。而在這流動當中，從你開始閱讀到現在，你所在的空間其實已經發生了變化。也許看起來一切如常，但這確實是真的。你周圍的聲音已經改變了，你的身體也和幾分鐘前不同了。如果你此刻在室內，地毯與燈具正悄悄地磨損、老去；如果你身在戶外，大自然中的萬物也正隨著時間的流動緩緩改變。這一切發生得如此緩慢，我們往往難以察覺，但它的確正在發生。

開闊

洋溢在整片草原中的第二個特質是開闊。如果仔細觀察就會發現，生命熱愛空間。此刻，當你正在閱讀這本書時，你正身處廣袤宇宙中一顆充滿活力的星球。距離我們最近的恆星在將近二十五兆英里以外，何其遙遠啊！而那之外，還有無數星辰，與我們的距離比這再遠上數十億倍。你能想像那究竟是多麼遼闊的空間嗎？而這一切，就共同存在於一個看似無窮無盡的宇宙之中。

讓我們把視野向內延伸，看看你的身體。根據估計，人體大約由數十兆個細胞組成，而每個細胞又包含約一百兆顆原子。試著想像，如果把其中一個原子放大到像美國大聯盟棒球場那麼大，原子核大概只是位於場中央的一粒沙子，而電子則在整座球場的外圍輕盈地移動著。換句話說，原子幾乎全是空的。既然你是由原子組成的，那麼你本身其實也幾乎是空的。你或許一直覺得自己是個堅實的存在，但科學指出，那只是感知帶來的幻覺。空間才是你存在的真相。

但當你敞開自己，回到當下，你的身體、心智與內心就會變得更加開闊。想像你在某個早晨醒來時，選擇不去看待辦清單，而是慵懶地賴在床上；你慢慢吃完早餐，跟隨內心的節奏，讓這一天自然展開。這樣的一天，你會真正感受到開闊所帶來的美好。你不再被「必須做點什麼」的壓力牽著走，而是開始單純地享受生命。而且無論此刻人生正在經歷什麼，你都能隨時回到這個與生俱來的自然狀態。生活在這種遼闊之中，並不代表你要抽離生活，而是你不再與它對抗。

你也可以在情緒上鬆開自己，把「空間」當作送給自己的禮物。試著回想一件曾讓你不停自我責備的經驗。但這一次，你沒有陷入批判，而是用真誠的心去擁抱並接納那時的自己。你為自己挪出一點空間，允許自己成為一個不完美但完整的人，而這種感覺，遠比困在自責的束縛裡來得輕鬆許多。或者，想像一次你的朋友或伴侶做了什麼讓你生氣的經驗。如果當時你沒有往心裡去，也沒有陷進強烈的反應，而是選擇放下，結果會是什麼？也許在這兩個情境中，你都會不自覺地深吸一口氣，因為你從緊繃中鬆開，回到了內在的寬容與接納。

如果想體會自己平時多麼緊繃和狹隘，不妨想想那些等待漫長紅燈的煩躁時刻。這點煩躁或許微不足道，但是那時的你還感受得到喜悅嗎？再想想你頭痛欲裂、迫切想擺脫疼痛的時刻。你是否發現了，當你越抗拒這種疼痛，頭部的緊繃感就越強烈，甚至連整個身體都受到影響？

現在想想相反的情境。想像你收到了一份出乎意料的驚喜，或是在完成一項重大專案後，終於放下肩上的重擔。那一刻，你是否感受到內在的能量自然舒展開來？而當你陷入腦海中的雲朵時，一切則會變得封閉又緊繃。雲層越濃密，你就越顯得狹小與壓迫。但當你願意敞開自己，與生命同在，你就會變得更加開闊，能量也會在你體內自由流動，讓你真正體驗到活著的純粹喜悅。

你與生俱來的本質，從來不是狹隘與緊縮，而是開放與寬廣。那原本就是你的自然狀態，只是後天的制約讓你變得越來越封閉，活得越來越侷限。即使此刻，你的心智陷在批判裡、你的內心感到悲傷、你的生活讓你無力，你依然可以重新敞開，回到那份開闊。因為你本來就是那片草原。一旦你意識到這一點，就能學會如何讓所有的反應都自然地穿越你內在的寬廣，不再將你困住。

❖

> 請暫停片刻，感受一下：此刻，當你坐在這裡時，正被無數星辰環繞。它們在你四周翩然共舞，而我們美麗的星球也在這場浩瀚的宇宙之舞中。如果你的心智因這份開闊而感到畏懼，不妨輕輕握住它的手，邀請它在短短片刻中，敞開一些，寬廣一些。停留在這個感覺裡，讓自己慢慢發現：能夠真切地體驗這份開闊，是多麼令人著迷的事。

光明

當你與生命的流動與開闊重新連結，就會發現草原的第三個特質：光明。聖經《創世紀》的最開頭寫道：「神說，要有光！」而後才有太陽和星辰。我們總認為光來自太陽，但現代科學已經指出，萬物其實都是由光構成。被譽為量子物理奠基者的大衛．波姆（David Bohm）就曾說過：「物質，某種程度上是被凝聚或凍結的光。」

天文物理學家阿恩．惠勒（Arne Wyller）在其著作《宇宙心智》（*The Planetary Mind*）也提到：「宇宙中幾乎所有粒子都是光的粒子。」他進一步指出：「光是所有原子的重要組成部分。」既然萬物都是由原子構成，那麼從貓咪、樹木、石頭到人體，自然也都是由光所組成的。

我們都遇過眼中閃爍光芒、全身散發溫暖氣質的人，並且經常形容這樣的人「閃閃發光」。當你重新發現內心和周圍的幸福草原時，也能看見這道萬丈光芒。一切由內而外散發光輝，釋放其存在的能量。即使無法用肉眼看見，但只要靜下心來，你就能感受到這股能量。

大多時候，我們之所以感受不到自己的光芒，是因為注意力總被腦海中的雲朵占據。這是人類共同的經驗：絕大多數人都讓自己的光變得黯淡。當你越陷入「問題工廠」般的心智世界，雲層就越加濃密，把你整個包圍起來，切斷你與身體的光輝、與那份純粹生命喜悅之間的連結。然而，無論雲層多麼濃密，都無法真正抹去你本質的光芒。你仍然有可能再次閃耀，就像你年輕時那樣。

現在，請試著大力甩一甩你的一隻手。然後停下來，閉上雙眼去感受那隻手。你會感受到能量在流動，那是微微的刺痛感，也是鮮活的脈動。這種刻意練習可以讓你體會能量敞開與流動的感受。這種感受很美好，而且充滿生命力。

波斯詩人哈菲茲（Hafiz）在詩作〈我璀璨的形象〉（*My*

Brilliant Image）中明白表達了這裡所談論的內容。本書採用的譯文，出自丹尼爾．拉丁斯基（Daniel Ladinsky）翻譯並收錄於詩集《我聽見神在笑》（*I Heard God Laughing*）的版本：

有一天，太陽承認了：
我不過是一道影子。
我多麼希望能讓你看見，
那道投射出我璀璨形象的
無盡光輝！

我多麼希望，
當你孤單或身處黑暗之中，
能讓你看見，
你自身存在裡，
那道令人驚嘆的光芒！

「你自身存在裡，那道令人驚嘆的光芒！」多美妙的詩句！你體內其實蘊藏著無比龐大的能量，只是一直被困在掙扎的遊戲裡。一旦這股能量得以釋放，就會自然地舒展與起舞。當能量自由流動，你的身體便會散發光芒。而這正是你所渴望的：屬於你自己的光。當我們卸下重擔或感到無比快樂時，經常會脫口而出：「我覺得好輕盈（light）！」這並不是巧合。而「delight」（喜悅）聽起來帶著「來自光明」的意味，或許也不是巧合。就連聖人的畫像也暗示著這一點，他們頭上環繞著光，是因為超脫了內心的掙扎，讓光芒得以綻放，也讓眾人得以看見這道光。

據說哲學家柏拉圖（Plato）曾說過：「我們可以輕易原諒一個害怕黑暗的孩子；但人生真正的悲劇，是成年人害怕光明。」我們每個人其實都害怕自己的光。你必須學會原諒自己對生命的退縮與畏懼。那不是你的錯，因為你很小的時候，就已經被嚇得關上了心門。但即使你活在恐懼之中，你依然可以學著再次敞開，慢慢體會那份安全感。你可以學會不再把自己的光芒藏進那片遮蔽內心的雲層裡。擁抱生命，讓光芒從內心升起，這是你能給予這個世界最珍貴的禮物。心理學家卡爾・榮格（Carl Jung）曾說：「據我們所知的一切，人類存在的唯一目的，是在純粹存在的黑暗中點亮一盞光明。」你也可以發出光芒，並真切體會隨之而來的喜悅。

現在，請再次甩動你的一隻手，然後停下來，把注意力帶回手上，去感受那股微微的刺痛感。隨著這股感覺慢慢退去，試著把注意力延伸到全身，感受那股來自生命能量的細微顫動。如果一時之間難以察覺，不妨先將注意力放到離身體稍遠的地方，再慢慢拉近。感受從外在空間進入身體的那一層轉變。你會發現，這股能量其實渴望擴展，也渴望在喜悅中綻放。

愛

當你重新敞開自己，回到那片開闊之中，再次與生命的偉大流動連結，當你感受到能量自然地流經你，而不是被你控制，你就會開始明白，有一個詞最能形容這道光的流動，那就是「愛」。有一首歌的歌名說得沒錯：「愛讓世界運轉」（Love Makes the World Go 'Round）。事實上，愛不只推動世界運轉，愛無所不在，存在於萬事萬物之中。

希臘語中有四種不同的愛：浪漫之愛（eros）、友誼之愛

（philia）、親情之愛（storge）以及無私之愛（agape），相較之下，在我們的語言中，往往只用一個「愛」字來概括所有情感的層次與深度。以下我所提到的「愛」，都指向一個真理：**無私之愛，是生命的本質。**

神經外科醫生伊本·亞歷山大（Eben Alexander），曾在他的暢銷著作《天堂的證明》（*Proof of Heaven*）中描述他因腦膜炎昏迷七天、靈魂脫離身體的經歷。有人問他那段經驗中最深刻的領悟是什麼，他表示：「無庸置疑，愛是一切的根本……這是真理中的真理，是不可思議的輝煌真相，存在於過去、現在或未來一切事物的核心。若一個人不曾認識這份愛，並落實於生命的每一個行動中，就不可能真正理解我們是誰，也不可能探求生命的真義。」

作家兼宇宙演化論者布萊恩·施威姆稱這生命的核心本質為「吸引力」（allurement）。這股吸引力從宇宙之初便存在。宇宙大爆炸後物質循著吸引力逐漸形成原子、分子、細胞等聚合體，進而孕育出多細胞生物。

這股生命核心的吸引力，隨後出現在昆蟲與動物的求偶舞步裡，也存在於萬物的日常生活中。查爾斯·達爾文

（Charles Darwin）在其著作《人類的由來》（*The Descent of Man*）中描述他所觀察到的生物行為時，只提到兩次「適者生存」，但提到九十五次「愛」。除此之外，達爾文也談到，所有生物行為模式中，最關鍵的其實是懂得化解衝突與彼此合作。

生命之中那股讓萬物彼此靠近的力量，其實就是愛。世上偉大的神祕學家一致認同，一個人走出心智之雲後察覺到並全然成為的即是愛。正是愛、吸引力，以及對連結的渴望匯聚出次原子粒子、人類、太陽系等一切事物。

你體內的每一個細胞都充滿愛，這股愛也驅動著你做的幾乎每一件事。但是從小到大，我們卻被教導要向外尋找愛，這讓人不自覺地走進一場漫長甚至時常失望的旅程，只為了找到某個願意愛自己的人。如果你察覺愛其實就在當下，是否會有所改變呢？如果你發現愛並不是需要尋找的東西，而是你本來的樣子，是否會有所不同呢？

愛是構成一切的根本。你越敞開心胸，越能感受到賦予樹木、岩石、鳥獸、雲朵、你的愛犬，甚至太陽等萬物生命力的愛的能量。詩人哈菲茲深刻感悟這份生命之愛，他在詩作〈太陽從來不語〉（*The Sun Never Says*）道出了這份真理。本書採用的譯文，出自丹尼爾・拉丁斯基翻譯並收錄於詩集《禮物》（*The Gift*）的版本：

即使
經過
這麼久
太陽從未對大地說：
「你虧欠我。」

請看一看，
像這樣的愛
帶來什麼？
它照亮了
整片天空。

就連太陽也是愛的象徵。它無私地釋放光與熱，讓整個地球因此而繁盛茁壯。當你學會從「心」出發去生活，你也會像太陽一樣發光發熱，在日常自然散發出溫暖明亮的愛的能量。正如原子、分子與細胞因彼此吸引而組成更大的整體，你也能將他人吸引進來，與你一起建立來自心的連結。正是心讓我們看見，每個人都是愛的獨特展現；也是心讓我們領悟，我們其實彼此相連，共同生活在這顆穿梭於浩瀚宇宙的藍綠色星球上。

> 請輕輕將手放在胸口，試著想一想：你一直在等待的那個愛人，會不會就是你自己？

寧靜

抬頭看看這個世界，見證這場持續無數歲月的舞蹈。蚊蚋、恐龍、你的曾祖父母、山岳、星辰……萬物誕生又消逝。這一切，都在生命的舞動中現形，並在最後悄然離場。這股不斷流動的生命力，既延伸至遙遠的星系，也深入你體內那些圍繞原子核打轉的電子。但這還不是全部。這一切律動，源自一片遼闊無邊、孕育所有生命的寧靜。

嚴規熙篤會會士、歸心祈禱創始人多默・基廷神父（Thomas Keating）在《基督徒的默觀之路》（*Invitation to Love*）寫道：「寧靜是上帝最初的語言；其他的一切不過是拙劣的詮譯。」如果你願意找個安靜的角落，在大自然中坐下來，讓心慢慢靜下來，你將能感受到那片寂靜與寧靜，萬物從中誕生，又終將回歸其中，在生命不斷生滅的循環中流轉不息。

這片寧靜其實也存在你心中。靈性導師艾克哈特・托勒（Eckhart Tolle）在其著作《當下的覺醒》（*Stillness Speaks*）說道：「你對自我最深刻的認知，對於『我真正是誰』的認知，與內在的寧靜密不可分。」然而，多數人習慣不去聆聽，對內在的寧靜幾乎渾然不覺，反而終日奔波，幾乎無法靜下來沉澱思緒，進而察覺這份寧靜的存在，並從中汲取滋養。其實，即使生活再忙碌，你依然可以在內心深處找到片刻安歇的寧靜，這會讓你更深刻、更熱切地去傾聽生命的聲音。

你不僅渴望與生命的流動重新連結、體會那份喜悅，更渴望回到內在的寧靜，只是你從未被教導去察覺這份寧靜，因此無法觸及它所蘊藏的智慧。這就好比身處一場美麗的戶外交響音樂會，卻總被一位喧鬧不休的觀眾（也就是忙碌的心智）不斷打擾，讓你難以專心聆聽自身寧靜的樂章。

事實上，這份寧靜並不是靠「尋找」得到的。一旦你開始尋找，其實就已經在與當下的經驗拉扯，想讓現狀變得不一樣。而你內在最深處的寧靜，恰恰是一種沒有衝突的狀態。當你越想追求寧靜，反而只會讓自己離它越來越遠。當你不再試圖控制，帶著單純的好奇心去感受內在正在發生的事，習慣掙扎的自我就會慢慢安靜下來，寧靜自然會浮現。

當你將注意力轉向內在，你會發現這份寧靜並不是空洞或虛無的，而是深沉且飽滿的存在，充滿來自生命核心的愛與智慧。這份寧靜正是那道「微小而寧靜的聲音」的源頭，始終與你同在。在這裡，你會真正感受到自己從來不孤單。寧靜的臨在、寧靜所帶來的覺知，以及寧靜中本有的愛，始終會陪伴著你。當你察覺這一點，就能開始與生命的智慧攜手同行。與內在的寧靜連結，並不代表你從此只是在生命之路旁靜坐休息，享受平靜安穩。事實上，恰恰相反。當你與這份寧靜連結，你會更深刻地投入生活，而你對生活的回應，也不再來自那個總以為自己與生命分離、喧囂不休的心智，而是從這份寧靜中自然浮現。

> 請閉上眼睛，靜靜觀察自己的心智有多忙碌。就在那一片喧囂之下，有一片深沉的寧靜始終存在。它一直都在，而你可以學著回到它的懷抱，讓自己在其中安歇片刻。

當你全神貫注地傾聽這五種源自你內在的特質時，請記得它們從未離開，此刻就與你同在。也許你暫時感受不到，但無論你正在經歷什麼事情，這些特質始終伴隨著你。當你逐漸看透內心的掙扎之雲，就會越來越清楚地感受到這些特質，並以它們為生活的出發點，回到上一章所探索的那份與生俱來的美好。

接下來的章節會一步步引領你重新連結這五種特質。你無須刻意尋找，那樣只會陷入更多掙扎。你需要學習看透心智中的雲朵，讓它們慢慢散去，不再被那總是忙著掌控一切的心智左右，並且能夠從這五種特質出發，重新體驗生活的喜悅。隨著這樣的過程展開，你會逐漸發現，這些特質其實正是你與生俱來的樣貌。

章節重點

☑ 當你活在心智之雲中，生命會變得封閉而壓抑，與內心失去連結，也錯過生命那奇妙的美好與奧祕。

☑ 在你來到這個世界之前，生命早已演化了數十億年；在你離開之後，它仍會繼續流動。在這條無邊的長河裡，你擁有短暫而珍貴的幾十年，得以親身經歷這不斷展開的生命之河。

☑ 流動、開闊、光明、愛與寧靜，草原的五種特質始終與你同在，只是一直被掙扎之雲遮蔽，讓你無法察覺。

☑ 當雲層漸漸散去，你將重新認出這五種特質，並以它們為生活的出發點，回到那份與生俱來的美好。

☑ 想要融入生命的流動，對當下的任何處境敞開自己，意味著你得學習不執著於美好，也不推開困境。

☑ 當你走出掙扎之雲，你的內在將變得更敞開、更寬廣，這與你過去習以為常的掙扎狀態截然不同。

☑ 你體內蘊藏著龐大的能量，渴望鬆開掙扎的束縛，自由地舒展、舞動與發光。這正是你真正渴望的：屬於你的光。

☑ 愛是萬物的根本。

☑ 所有生命都源自一片無垠的寧靜。這份寧靜也是你真正的本質。它深沉而飽滿，充滿來自生命核心的愛與智慧。

☑ 你無須刻意尋找五種特質，那樣只會陷入更多掙扎。你需要認識心智中的雲朵，才能使它們慢慢散去，讓五種特質自然浮現。

憶起練習・第二週

本週宣言：

此時此刻的你，就在草原之中，

或者，

此時此刻的你，就在 ＿＿＿＿＿ 之中。

（選擇一個：流動、開闊、光明、愛、寧靜）。

你的宣言：

＿＿＿＿＿＿＿＿＿＿＿＿＿＿＿＿＿＿＿＿

ꟃ

憶起時光

這一週，我們要練習一種實用的方式，讓創造出心智之雲的掙扎故事靜下來。透過這個方法，你將更容易重新連結草原的五種特質。練習的方式很簡單，只需要將注意力放在吐氣上，讓呼吸自然加深。如果你習慣為練習計時，這個練習大約需要六分鐘；如果不在意時間，就讓好奇心帶領你，順著每個步驟慢慢前進。讓我們開始吧：

請閉上眼睛，把注意力輕輕探向內在體驗之河，去觀察此刻成為「你」是什麼樣的感覺。

在接下來至少三次的呼吸中，吸氣時輕輕收緊肌肉；吐氣時，慢慢放鬆全身，並發出象徵釋放的聲音：啊——。

將注意力帶到你的呼吸上。為了讓吐氣更深一點，先在心中想像一根點燃的蠟燭，懸浮在你面前的空氣中。透過鼻子吸氣，再輕輕地從嘴巴吐氣，彷彿你正緩緩地吹熄那根蠟燭。當你漸漸熟悉這個節奏時，允許自己享受那綿長、緩慢的吐氣所帶來的美妙感受。

等到你對長吐氣越來越自在後，可以放下蠟燭的意象，改為透過鼻子自然地吸氣與吐氣，繼續享受那綿長、緩慢的呼吸節奏。配合著呼吸，在心中默念：「吸……吐……深……緩。」依照當下的感受，調整練習的長度與節奏。

如果你發現注意力離開了呼吸，不需要責備自己，溫柔地將注意力帶回呼吸就好。

最後，將注意力擴展至整個身體，靜靜觀察，經過這段你給予自己全然關注的時光裡，身體或心裡有沒有什麼變化。

當你準備好了，請慢慢睜開雙眼。

ꝏ

簡易版

請閉上眼睛，把注意力輕輕探向內在體驗之河，去觀察此刻成為「你」是什麼樣的感覺。

在接下來至少三次呼吸中，吸氣時輕輕收緊肌肉；吐氣時慢慢放鬆全身，隨著每一次釋放，發出象徵鬆開的聲音：啊——。

將注意力帶到你的呼吸上。想像面前懸浮著一根點燃的蠟燭，透過鼻子吸氣，再從嘴巴輕輕吐氣，彷彿你正緩緩吹熄那根蠟燭，享受那一口綿長、緩慢的吐氣。

當你準備好了，可以放下蠟燭的意象，改為透過鼻子自然地吸氣與吐氣，隨著每一次呼吸，在心中默念：「吸……吐……深……緩。」

若你發現自己的注意力離開了呼吸，不需要責備自己，溫柔地將注意力帶回呼吸就好。

最後，花一點時間將注意力擴展至整個身體，靜靜觀察，經過這段你給予自己全然關注的時光，有沒有什麼變化。

當你準備好了，請慢慢睜開雙眼。

第 3 章

恐懼，往往沒有想像中可怕

請在心中想像那片草原，感受其中的流動、開闊、光明、愛與寧靜。這些特質，此刻正存在於你的內在。它們構成了你與生俱來的本質，而你內心深處，也始終渴望真正去認識它們，並讓生命由此出發，自然地流動。

接下來，請想像自己正站在草原上。其實你一直都在這裡，只是長久以來，你的頭腦早已被雲層籠罩，以至於忘了這件事。

現在，你看著那些雲朵慢慢散去，感受自己與草原真實同在，與它的流動、開闊、光明、愛與寧靜重新連結。沉浸在這份喜悅之中吧。

想要重新敞開你的心，並憶起自己始終身處在草原上，你需要讓雲層變薄。而這個過程，得從認識你腦海中的說書人，也就是掙扎之雲的聲音開始。所以，接下來的練習，是對腦海中那些故事保持好奇，卻不被它們牽著走。當你能夠看見說書人正在做什麼，而不是任由它擺布，通往自由的大門就會悄悄開啟。

想像自己坐在電影院裡，眼前的銀幕正播放著你的人生，而你腦海中的說書人在旁邊不停地解說。大多數時候，你並沒有注意到它說了些什麼，只是整天被一個接著一個的念頭牽著走。但現在，當你看著自己人生的片段在銀幕上放映，同時聽見說書人喋喋不休的評論，你開始意識到它幾乎對每一件事都有意見。它經常對你的身體有所不滿，無論是髮色這種小事，還是危及性命的疾病。它也經常看不慣別人的行為，比如別人開車的方式，或是別人如何安排你的工作。

當然，說書人並不總是在掙扎。如果它得到了想要的東西，也會感到非常快樂。比方說，你買了最新款的iPad；你最喜歡的實境秀選手領先所有人；或者某個你很在乎的人對你說了句「我愛你」。但當你坐在銀幕前，以觀眾的角度看著這一切時，就會發現這樣的快樂，其實只存在於一切如說書人所願的時候。如果你的 iPad 被偷，或者買不起最新款；你支持的選手被淘汰；或是伴侶的某個舉動讓你心煩，那些快樂很快就會變成不滿，說書人又會開始抗拒眼前的事實。你會看見銀幕上的畫面再度變成掙扎。

只要仔細觀察，你會發現那位說書人整天都在「喜歡」與「不喜歡」之間來回擺盪。它可能喜歡今天的天氣，也可能不喜歡；一會兒對伴侶滿心欣賞，下一刻又感到失望。它喜歡吃巧克力餅乾，但吃太多了，又開始責怪自己。它喜歡忙碌的生活，當事情不夠多時，它會感到害怕；反之亦然。它喜歡紅燈的時間夠長，讓你可以補妝，但當你快遲到時，它又討厭紅燈太長。當你清楚看見自己內心整天在喜惡之間搖擺的鐘擺，就會明白這樣來回擺盪有多麼令人疲憊。

想像一下，如果你坐在劇院的座位上，而扶手上有一排按鈕，能讓你隨時改變自己的想法與感受，甚至能左右他人的行為，那會是什麼光景？這正是說書人最擅長的策略。它會告訴你，只要能讓伴侶、老闆、朋友或孩子變成你希望的樣子，一切就會好起來。（但真的會如此嗎？）

你對自己也是這樣做的。那種「只要把自己變得不一樣，內心就能安靜下來」的感覺，總是帶著某種難以抗拒的吸引力。你彷彿看見銀幕上的自己，不斷對內心進行正向肯定，下定決心不再陷入衝動，努力讓思緒保持清晰。但你也看得出來，這些方式或許短時間內有效，然而不久之後，那位掙扎不休的說書人又會重新登場。於是，你又回頭看向那排按鈕，心中充滿挫敗與沮喪，因為無論怎麼努力，你都無法真正把自己「調整好」。難怪那麼多人無法活在純粹的喜悅之中。

> 現在，請暫時走出你心中那間電影院，把注意力探向內在體驗之河，讓它保持流動而敞開。你也許會察覺到周圍的聲音、輕微的頭痛、一股平靜、背部微微的癢意，或是對這個練習本身的一絲抗拒。當你將注意力轉向生命，只需靜靜地留意你所察覺到的一切。這些細微的時刻，其實格外重要。正如點滴水珠匯聚成海，每一次真正向生命敞開的時刻，都會逐漸讓內心的雲層變薄，使你重新看見那片始終存在你心中的草原。

童年與恐懼

是什麼讓我們腦中的說書人如此掙扎不已？有一個詞可以概括這一切：恐懼。對大多數人而言，生命中大部分時間都活在一股隱隱的恐懼之中，那股恐懼有時會上升為焦慮與不安，有時甚至演變成強烈的恐慌。現在，是時候好好認識恐懼了。因為只有透過這份認識，我們才有可能不再活在它的掌控之下。

恐懼確實是生命的一部分。想像你正要踏出人行道，忽然聽見一輛卡車急駛而來，你不假思索地往後一跳。那是一種與生俱來、為了保命而存在的恐懼。這類恐懼是必要的，但只占你日常恐懼經驗的百分之一左右。你經歷的絕大多數恐懼，其實都來自心理層面，是你心智中不停上演的故事。

有時候，恐懼很龐大，比如對疾病與死亡的恐懼；有時候，它又顯得微不足道，像是「這條褲子我還穿得下嗎？」這類小小的擔心。無論恐懼是以不安感慢慢浮現，還是在半夜突然襲來、動搖你的內心，它始終都在替你詮釋這個世界。你太習慣跟著恐懼的腳步，只想確保接下來的一切都順利，結果反而沒辦法真正享受生命。

但起初並不是這樣的。在孩提時期，恐懼是一種單純的本能反應，你可能會因突如其來的聲響受到驚嚇，或在父母離開、把你獨自留在一旁時感到不安與無助。這些恐懼就像雲朵掠過你的身體，很快就消散了，幾乎沒有留下痕跡。但沒過多久，你便開始認識到心理層面的恐懼。當時的你還很渺小，而這個世界龐大又令人陌生。你身邊的大人們就像一個個巨人，你甚至還摸不到他們的膝蓋。而這些高大、有時令人畏懼的巨人，早已困在他們自己的雲層裡，他們的言行舉止經常讓你感到困惑，甚至不安。

我們父母的掙扎之雲，大多是濃霧瀰漫，少數則雷電交加。他們在成長過程中逐漸失去與內在的連結，轉而活在心智的世界裡。長年困在這樣的雲層中，使他們難以真正與孩子建立連結。

正因為彼此之間缺乏這份連結，幾乎所有父母都在無意間讓孩子留下了兩種核心創傷：侵擾與疏離。侵擾可能是長期否認你的感受，也可能是更嚴重的性虐待行為；疏離則可能來自父母總是忙於工作、無暇陪伴你，或是他們離開後再也沒有回來。所以，無論你父母的雲層是雷電交加還是濃霧瀰漫，無論他們對你的忽略是輕微的還是深刻的，在你試圖理解這一切的過程中，恐懼便在你的內心悄然滋長。

在電影院座椅的扶手上有一顆按鈕，可以將電影倒轉回你六歲以前的某一天。按下它，回到童年某段與父母有關、讓你感到害怕的經歷。也讓自己靜靜聆聽，那位說書人在這段經驗中是怎麼說的。你感受到那份恐懼了嗎？
在你成長的過程中，像這樣的時刻其實有很多。當你仔細傾聽內在的聲音，也會看見說書人是如何一點一滴被塑造出來的。讓你的心敞開，去感受那些曾經令人畏懼的時刻，以及你曾經多麼孤單。

心智塑造出的小我

因為父母遠離了自己的草原，多數孩子在成長過程中並沒有真正被傾聽，也沒有人陪伴他們面對各種令人無所適從的念頭與感受。因此你和大多數孩子一樣，開始為眼前所發生的一切編出一個又一個故事，好讓自己能夠消化那股恐懼。就這樣，你的思維模式逐漸成形，成為艾克哈特・托勒所說的「心智塑造出的小我」。那些原本只是偶爾飄過你內在草原的雲朵，開始盤旋不散，讓你與內心失去連結，並將你困在心智的世界裡。

「心智塑造出的小我」非常貼切地形容了大多數人所認定的「自己」。你以為的那個「我」其實只是由恐懼而生的念頭、感受與信念所組成的產物。心智塑造出的小我正是說書人，它總是想方設法掌控生命，好讓你不要掉進那些你最害怕面對的恐懼、孤單與絕望裡。我相當喜歡「心智塑造出的小我」這個說法，因為它同時也暗示著另一種存在的可能性。我指的並不是另一個「我」，而是另一個可以安住其中的地方：內在草原。

你腦海中的說書人，並不是一夕之間誕生的。它是慢慢成形的，就像拼一幅有上萬片的拼圖，你把生命中的種種經歷拼湊起來，組成了一個「自我形象」，好讓自己在面對龐大無比的生命時，至少能擁有掌控的幻覺。這裡有個關鍵字：形象，指的是某種相似物，或是對某物的再現。說書人並不等同於生命本身，它只是對生命有各種看法，並製造出把你與真實的生命隔絕開來的掙扎之雲。

現在，請把注意力重新帶回銀幕，聽聽說書人如何詮釋你的人生。當你靜靜觀察就會發現，有時候，說書人會把你描繪成一個優秀而穩重的人；但轉瞬之間，只要有人批評你、拒絕你，那幅形象便瞬間轉變為一個不值得被愛、充滿不安、憤怒或不斷自我批判的樣子。這就是自我形象的本質，它極其脆弱，瞬息萬變。

> 留意一下自己此刻的呼吸。你是否因為我們探索的內容而不自覺屏住了呼吸？如果是的話，不妨想像自己正在吹熄蠟燭，緩緩地呼吸幾次，然後再繼續閱讀。

童年塑造出的小我

有時，我會稱說書人為「童年塑造出的小我」，因為有件事值得特別留意：你成年後所依循的自我形象，其實早在童年時期就已在心智中悄然建構完成。心理學家指出，一個人對自我與生命的基本看法，往往在六歲以前就已大致成形。也就是說，如今整天在你腦海中穿梭的那些信念、心態、渴望與恐懼，那些讓你無法全然體驗生命的內在聲音，其實都是由童年時期的心智所創造。

花些時間，接納這個事實：掙扎之雲是由童年時期的心智所創造的。如果你願意誠實面對自己，就會發現，大多時候推動你、拉扯你、刺痛你甚至淹沒你的，其實都是那些從小就伴隨著你的念頭與感受：渴望被喜愛，渴望完美，渴望成為最好，渴望感到安全，渴望掌控一切，也渴望永遠是對的；還有那份深埋心底、覺得自己不夠好的信念；甚至相信只要能改變自己和生活，一切就會變得圓滿無缺。這些信念在腦中編織出一個又一個故事，雖然隨著年齡增長，故事的內容可能有所不同，但它們的本質從童年時期開始就未曾改變。所以，當你靜下心來，仔細觀察自己一整天腦海中掠過的念頭，會發現那個你在童年時蜷縮的自我形象，如今依然活躍在你心中。現在，深深吸一口氣吧。

如果你能回到自己兩、三歲時的內在體驗，你會清楚感受到心智中逐漸滋長的不安：擔心父母離開的恐懼；被年紀較大的孩子嘲笑的心碎；看到兄弟姊妹拿到更大支冰棒的忌妒；以及弄丟心愛玩具的悲傷。

接著，如果你能回到第一次上學的時候，你會發現那對你來說有多麼令人無所適從。我們每個人在成長過程中都有過感到脆弱、被赤裸裸看見的時刻。有人對你出言刻薄，有人利用你、評斷你、嘲弄你，甚至拒絕你。於是，你開始害怕，害怕自己做得不夠好，害怕自己本身就不夠好，害怕被排擠和否定。這些恐懼一路伴隨你走過求學階段，當你獨處時，有時還會浮現一股深層的不安，害怕自己沒辦法撐住一切、維持生活秩序，讓你感到快要被壓垮。

然後是青春期。那時候，想要融入群體幾乎成了你內心最核心的渴望。就像多數青少年一樣，你可能也做過一些瘋狂的事，只為了被接納。也許你曾刻意挨餓節食，或是為了擠掉臉上的痘痘導致留下疤痕；也許你曾經貶低他人，只為了讓自己看起來更有力量。令人難過的是，即使是在那群最受歡迎的孩子當中，大多數人心裡其實都相信自己還不夠好。

再次回到那間電影院。按下座椅扶手上的按鈕，讓電影倒轉回到你的青春期。讓當時某段令你感到困難的經歷在銀幕上浮現。你是否願意讓那個容易困惑、尷尬、對世界感到手足無措的青少年，走進你的心裡？

童年恐懼的延續

童年的恐懼不會隨著年紀增長而自動消失。相反地，它們往往被埋藏於內心，並在日常意識之下悄悄影響我們。現在，假設你正在電影院中觀賞自己的人生片段，場景是一場派對。來聽聽你腦海裡可能閃過的念頭：我話太多了、我話太少了、再喝一杯會讓我更自在、她比我漂亮、看來我應對得還不錯、他不可能對我有興趣、我只想離開這裡、我不知道該說什麼、我應該比她好、冷場了怎麼辦、我不夠聰明，接不上話題、我剛剛應該……不應該……、他們不喜歡我、我應該外向一點、我想再喝一杯、我是今晚的靈魂人物……甚至，連你覺得自己在派對上的表現「還不錯」，也可能只是因為你害怕自己搞砸了。

派對結束後的當晚，你在睡夢中被吵醒，說書人開始檢討你在派對上的一言一行，這讓你深感不安，覺得自己的表現差強人意。但銀幕上沒有呈現的是，其實派對上其他人也都被深層的恐懼驅動著，他們很可能也正在懷疑自己是不是說錯了或做錯了什麼。恐懼早已深植於我們內在，而我們對它的逃避又如此強烈，以至於說書人的其中一個核心任務，就是讓我們盡可能遠離恐懼。

這位由恐懼驅動的說書人，並不只在你參加派對時大聲發表評論。生活中的各種情境都可能讓它那喋喋不休的聲音浮現腦海：明天那場重要的商務會議、即將踏上的陌生旅程、要去見那位總是讓你頭疼的親戚，或是準備面對乳房腫塊的檢查。甚至在最平凡的日常裡，它也總在耳邊嘮叨：我快遲到了、我穿得不對、我是不是走錯路了。無論是日常的恐懼，還是那些巨大的恐懼，大多數人心中幾乎隨時都有某種程度的恐懼。

再次回到那間電影院。按下座椅扶手上的按鈕，讓電影切換到你成年後某個令人尷尬的時刻。讓自己盡可能完整地重溫那段經驗，就像它正在銀幕上播放一樣。察覺你內心升起的、來自恐懼與自我批判的聲音。請記得，這些聲音是可以被釋放的。當它們不再盤據你的心智，你就能單純地做自己，不再活在恐懼與自我批判的聲音之中。

恐懼的代價

大多數人其實沒有意識到自己有多害怕面對生命。他們內心的說書人相信與其信任生命，不如靠自己去掌控，而且要做得完美才行，但它內心深處又相信無論怎麼做都不夠。說書人渴望被愛，卻不知道怎麼愛自己；渴望被他人理解，卻不知道如何包容自己；害怕被拒絕，總是過度在意別人的想法；經常覺得自己不夠好，於是拚命想把「不夠好」的部分藏起來。說書人甚至會因為微不足道的事（它並不覺得那些事微不足道）感到強烈罪惡感，而這份罪惡感，往往又進一步滋養出羞愧感，讓它覺得自己很糟糕、有問題，甚至不應該存在。

這份長期以來的掙扎感，使得說書人不斷追逐幸福，深信只要把人生經營得當、讓一切盡在掌握中，就能獲得幸福。然而，對每個人來說，那種「一切盡在掌握中」的感覺總是轉瞬即逝。一旦這份感覺溜走，說書人又會馬上啟程，重新展開追逐幸福的旅程，努力獲得它渴望的，擺脫它抗拒的。你能感受到這是多麼令人挫敗的循環嗎？你能體會這讓人內心變得多麼麻木嗎？

若你活在由恐懼驅動的說書人的故事裡，並用盡一生試圖擺脫它，你將付出沉重的代價。此刻，你能否察覺到拚命想讓「一切盡在掌握中」的說書人，以及讓它如此執著的恐懼？你能否看見，只要讓這位掙扎的說書人主導你的人生，你便無法純粹且清明地體驗生命？

隨著你在成長過程中越來越被恐懼的世界吞沒，那些象徵掙扎的雲層也變得更加濃密。而在那樣的恐懼之中，還發生了一件更讓人無力的事：你開始害怕自己的恐懼。於是，你的人生成了一場追求「感覺良好」的遊戲，只為了把恐懼拋在身後。但這樣的感受並不會持久，因為它建立在恐懼之上。你陷得越深，就越難看見內在那片幸福草原。

當你不斷努力卻無法得到想要的結果時，你可能會更加迷失在羞愧、憤怒或絕望的故事裡，而這些情緒都來自恐懼。羞愧，是害怕自己沒把人生過好；憤怒，是害怕得不到自己想要的，或害怕必須面對自己不想要的；絕望，則是害怕自己從未擁有、也永遠無法擁有渴望的事物。

羞愧、憤怒和絕望這三者會彼此餵養、持續壯大。憤怒可以從些微的不耐煩，一路延伸到對生命的猛烈怒火，針對那些做錯事的人發怒，也對自己做錯事感到憤怒。說書人常常陷入自憐，覺得自己是受害者，這則會進一步滋養出絕望。絕望的程度可能從輕微的憂鬱感，演變成全面性的憂鬱。當說書人覺得自己是受害者時，可能會將痛苦歸咎於他人：「要是他……就好了」或者「她為什麼……？」它也可能轉而責怪自己，讓羞愧感越來越深。

我們每個人都曾經歷過這個從內心深處升起的惡性循環，並任由羞愧、憤怒與絕望吞噬我們的生活。這個循環的核心是一種來自恐懼的深層絕望，其中有許多黑暗的念頭：「生命大概就是這樣了」、「一切永遠不會變好」、「這片黑暗沒有出口，而我會陷在這裡，都是因為我做錯了什麼」。大多數人對這樣的絕望感到極度害怕，於是終其一生逃避，而不是直接面對它，讓它得以被釋放。

但請記得，就算你正在觀察電影銀幕、聆聽腦海中的各種對話，你其實從未離開過幸福草原。你之所以未曾察覺，是因為從小就習慣了只聽那位說書人的聲音，並深信那些掙扎之雲的故事。若想鬆開對這些故事的執著，你必須願意深刻且清楚地看見說書人的世界。

> 請把注意力從書本移開，轉向說書人以外的事物。也許是你四周光影交錯的律動，也許是那些浮現又消逝的生命之聲。請記得，在說書人的世界之外，生命總是不斷地、自然而然地展開。

我們的共同經驗

這一切都在你內心深處、在你日常意識之下默默發生，是不是很不可思議？而且並不只有你是如此。大多數人腦海中也都上演著這些持續不斷的內在對話，因為他們早已把由恐懼驅動的說書人當成了自己的一部分。我知道你可能不太相信，因為大多數人都很擅長戴上面具，把自己的恐懼隱藏起來，不讓自己和別人看見。這並非偶然，英語中「人格」（personality）一詞的詞根「persona」，原意就是「面具」。所以別被表面現象給騙了，外表往往是具有欺騙性的。

我有位朋友曾跟我提起她的一位同事，那人是她打從心底敬佩又羨慕的對象。那位同事開名車、穿名牌、事業有成，一切看起來都是我們對「成功」的典型想像。但有天早上，這位看似「一切盡在掌握中」的同事，請我朋友進她的辦公室，然後坦承自己昨晚曾試圖自殺，因為她覺得人生毫無意義。所以，請記得，你並不孤單。每個人內在都有一位由恐懼驅動、靠批判拼湊起來、喋喋不休的說書人。

> 回到那間電影院，按下座椅扶手上的按鈕，銀幕上開始投映出某位你認為把生活打理得很好的人，也許是一位激勵演說家，或是一位名聲顯赫的醫生。接著，你像聽見自己腦中的聲音一樣，也能聽見他們腦中的聲音。當你靜靜聆聽，就會發現他們內在其實也帶著許多和你一樣的恐懼與批判。他們或許不像你那樣經常被捲進這些聲音之中，但他們的內在，也同樣住著一位說書人。

我們之所以無法真正察覺內在的恐懼，是因為我們早已被制約，總是下意識地想盡快逃離它。也正因如此，我們才會成為一個充滿強迫行為的社會。我們對恐懼以及隨之而來的羞愧、憤怒和絕望感到極度害怕，於是建構出一整套複雜的機制，只為了讓自己看不見它們的存在。為了逃避那些令人不舒服的經驗，我們沉迷於食物、藥物、酒精、忙碌、待辦事項、網路、電視、購物，或其他足以讓人麻痺的事物。我們甚至會用冥想來追求某種理想狀態，只為擺脫我們不願面對的狀態。我們近乎狂熱地讓自己分心，拚命把注意力轉移開。這些轉移注意力的方式或許能暫時帶來些許慰藉，卻無法真正療癒隱藏在內心深處的恐懼。

重新認識恐懼

> 請暫停片刻，把注意力輕輕探向內在體驗之河。看見它，聽見它，完整地經歷它。這一刻與你生命中任何一刻都不一樣。在這個單純察覺生命的當下，恐懼並不存在。

剛才的那個片刻，你將注意力從恐懼中抽離，轉而用來覺察生命。說書人可能完全抗拒這麼做，或者在短暫的純粹連結後又把注意力拉回到時間的世界，因為恐懼需要時間才能存在。說書人需要編織過去與未來的故事，才能在你的心中站穩腳跟。每當你不再透過恐懼與生命互動，而是敞開自己迎向生命，即使只是那麼一秒鐘，都會產生真正的改變。

更重要的是，你是否能看見那遮蔽你直接體驗生命的恐懼。若想更清楚地看見恐懼，我們需要明白，它不只影響你的心智，也同樣作用在你的身體上。當你下次突然受到驚嚇或被人批評時，請觀察一下自己的身體，你會發現自己變得緊繃。恐懼會以壓力性頭痛、下顎不適、肩膀僵硬、呼吸困難、頸部僵直、腸胃不適、背痛，或其他身體不適的形式顯現出來。許多身體的不適與疾病，其實是由恐懼造成的收縮所引發，它阻礙了身體原本健康的流動與運作。你早已習慣透過各種強迫行為來麻痺自己，想藉此逃避恐懼，但這些方式往往也會對身體造成傷害。

當你活在由恐懼編織出的故事裡，你會對生命做出反應；而當你活在幸福草原，你則能夠回應生命。在草原上，你放鬆下來，敞開自己，準備好迎向生命。然而，當你認同那些來自恐懼的故事時，你會變得緊繃。你抗拒、反應，並試圖操控一切。停下來，誠實看看自己是否經常活在反應當中。很多時候，朋友或親密的人說了些微不足道的話，你便產生反應，並在自己的世界裡編織出一幕幕戲碼，這一切其實都源自恐懼。曾經有一支廣告，妻子問丈夫她穿這條牛仔褲會不會顯胖，她害怕他會說她看起來胖，而他則害怕自己說錯話。許多人都處在這樣的關係裡。恐懼會讓人無法與自己及他人建立深刻而真實的親密關係。

恐懼讓你緊縮而非敞開、保護自己而非建立連結、抗拒而非回應、僅僅求生而無法真正活出生命。恐懼不斷向你提出要求，而你大部分的人生都在試圖滿足它。但你不必讓恐懼掌控你的人生。你有能力走出恐懼，重新活在那片充滿生命力、敞開與喜悅的草原。你是否能感受到這個真相所帶來的那份寬慰？

❖

> 請暫停片刻，把注意力探向由各種感受交織而成的身體。你某一邊的肩膀（或兩邊的肩膀）是否感到緊繃？你恥骨上方的肌肉是否緊縮？你的眉頭是否緊皺？你的下顎是否緊閉？無論你察覺到什麼，就在這一刻，請溫柔地邀請緊繃的部位放鬆下來。

恐懼的出口

無論說書人有多努力擺脫恐懼，最後都只會招來更多恐懼。真正能脫離恐懼的出路，是透過你的心去認識它。當你願意誠實面對自己，開始看見內在正在發生的一切，通往自由的道路便會在你眼前展開。當你開始察覺自己一直活在那些建立在恐懼之上的故事裡，便能逐漸看透它們，並回到內在的幸福草原。知名作家克里希那穆提（Krishnamurti）曾在1969年的一場演講中說過一段話，後來收錄於他1973年的著作《鷹雄之旅》（*The Flight of the Eagle*）中：

這並不是說你必須擺脫恐懼。

一旦你試圖擺脫恐懼，便對恐懼產生了抗拒。

而任何形式的抗拒，都無法真正終結恐懼。

我們必須去理解恐懼的本質與結構，

也就是去探究它、觀察它，並直接與它接觸。

我們要學習的，是認識恐懼，

而不是如何逃避它，也不是如何與它對抗。

為了不被恐懼所支配，並實踐克里希那穆提的建議，直視自己的恐懼，重要的是先問自己：「我真的想從恐懼中獲得自由嗎？」一開始你可能會說：「對，我想要。」但接著，很可能又會浮現另一個聲音：「不過直視恐懼太可怕了。」這個反應正是恐懼在作祟，讓你害怕看見它。然而當你直面恐懼，你會發現，它是由你年幼時被灌輸的一個個故事構成的，而這些故事其實並不可怕。我可以很肯定地告訴你：一旦你學會如何看見恐懼，不再相信那些建立在恐懼之上的故事，那麼直面恐懼會是你這輩子做過最安全的事。

我曾聽一位老師提到她反覆做的同一個夢。夢中有一隻怪物不停追趕她，而她總在怪物快要追上她的瞬間驚醒。她把這個夢告訴朋友，朋友建議她應該轉身看看怪物長什麼樣子。這個建議讓她非常害怕，所以接下來的夢裡，她仍然持續逃跑。有一天夜裡，她又夢見自己正在逃離那隻怪物。這次，前方突然出現一道牆擋住了她的退路。她帶著極大的不安轉身面對那隻怪物，卻驚訝地發現，怪物停下了腳步，不再逼近。然後她注意到，那隻怪物竟然塗了粉紅色指甲油。就在那一刻，她醒了過來，從此再也沒做過這個夢。

這個夢展現了直視恐懼所帶來的力量。當你願意轉身直視它，而不是任由它在日常意識之下悄悄影響你，一切就會開始轉變。一開始，直視恐懼的確令人害怕，但你會漸漸意識到，其實真正感到害怕的是你內在的說書人，而這樣的恐懼早已在你心中存在了很長一段時間。老師在夢中轉身看向怪物時，怪物沒有再逼近，這告訴我們：我們總以為只要正視恐懼就會被它吞噬，但事實並非如此。而那隻怪物塗著粉紅色指甲油，則象徵簡單卻深刻的領悟：當我們不再逃跑時，那些恐懼其實遠沒有想像中那麼可怕。

我是在一個充滿恐懼的環境中長大的。我曾深陷恐懼之中無法自拔，那股恐懼的強度讓我在二十出頭的年紀三度試圖結束自己的生命，因為我實在無法再承受那樣的痛苦。對我而言，恐懼通常以一種難以言喻的驚懼感出現，既是一種強烈的預感，覺得某些可怕的事情即將發生，又伴隨著一種信念：這一切會發生，一定是因為我做錯了什麼。我試過各種方式擺脫恐懼：精神科、心理諮商、團體治療、個別輔導、藥物、正向肯定語、住院治療、冥想、催眠療法，還有其他我能找到的一切方法。

直到我學會轉身面對恐懼，帶著慈悲的好奇心去認識那些建立在恐懼之上的故事，而不是試圖修正或擺脫它們時，那股壓力才開始釋放。恐懼依然是我生命的一部分，但它不再像過去那樣占據我全部的存在；曾經它是百分之百，如今只剩下百分之五。當恐懼再次浮現時，我可以靜下來聆聽它，不再陷入由恐懼驅動的念頭裡。在這樣的聆聽中，恐懼會因為來自心的療癒能量而逐漸安定下來。

> 如果你選擇認識恐懼，而非害怕恐懼，那是怎樣的體驗呢？不用急著回答這個問題，先把問題放在心底就好。

恐懼與內心的關係

克莉絲汀・漢娜（Kristin Hannah）的小說《魔法時刻》（*Magic Hour*）讓我深刻體會到，我們的恐懼有多麼渴望被內心溫柔地接納。小說講述一位四歲小女孩遭人綁架，被囚禁在森林深處的山洞裡長達數年。後來，綁匪久未出現，女孩得以自行逃出，最後出現在靠近森林的小鎮上。她長期失去與人類的親密接觸，變得像個野孩子般生活：她不說話、用四肢奔跑，還會發出嚎叫。

一位具有覺察力的兒童精神科醫師開始與她接觸。故事中這位大人與小女孩之間的互動向我們展現，當我們願意在恐懼發生的當下與它對視，療癒的力量便會開始浮現。我讀完這本小說後，破天荒地立刻再讀一遍，因為這個女孩的重生之旅深深觸動了我。

對我來說，這個女孩是我們內在受到驚嚇的小孩的極致象徵，而那位精神科醫師，則代表我們內在那顆充滿覺知與慈愛的心。她給予了女孩最需要的東西：愛的同在。醫師沒有試圖矯正，也不加以評斷，而是完全接納女孩。在這樣的接納中，女孩開始慢慢敞開自己。我們可以看見，女孩內心的恐懼根深柢固，卻同時渴望信任那份愛的同在。這兩種力量在她心中拉扯不休。隨著她逐漸走出封閉的世界，我們看見恐懼如何在她心中運作，又如何因羞愧而被餵養與壯大。同時，我們也看見真正能帶來療癒的，是心的力量。

你正是你的恐懼一生都在等待的那份愛的同在。你的心就是能夠療癒它的地方。接下來的章節，我們將一起探索如何透過接納和關注，讓恐懼獲得療癒。當你學會懷抱著善意去看見、聆聽、觸碰那些伴隨你一生、建立在恐懼之上的故事，就能從它們的掌控中解脫出來。

> 你現在的呼吸是否淺短？試著緩緩吐出一口氣，然後停留片刻，察覺恐懼本身也在害怕，並且需要你內心的接納，才有可能真正鬆開。

無須害怕恐懼

當你靠近內在深處的恐懼，想要給它足夠的關注，讓它有機會鬆開時，你可能會在某些時刻發現，光是再靠近一點點，就會讓你感到害怕。但請記住，恐懼本身並不可怕。它只是你腦海中的故事，而這些故事有百分之九十九從未成真。正如美國作家馬克・吐溫（Mark Twain）說過的一句名言：「我的人生經歷過許多可怕的事情，其中有一些確實發生過。」

請記得，恐懼會讓你封閉，讓你陷入對生命的抗拒中，在你與生命之間築起一道牆。這道牆隔絕了生命的流動，也讓你無法感受到活著的喜悅。你願意繼續將恐懼鎖在心中，讓它從隱隱不安蔓延成全面性的恐慌嗎？還是你願意認識心中那位由恐懼驅動的說書人，重新找回那片幸福草原？

你無須害怕去看見恐懼。為了喚醒那份直視恐懼的勇氣，你需要明白，即使陷入恐懼，它也只是發生在你內在某個更寬廣、安然無懼的空間中。幸福草原**始終**與你同在，就連你閱讀這段文字的此刻，也正在接納你所經歷的一切。

還有一點同樣重要，那就是恐懼並不希望我們害怕它。相反地，它渴望被看見、被接納、被我們的心輕輕觸碰，這樣它才不必再膽怯。正如詩人萊納・瑪利亞・里爾克（Rainer Maria Rilke）在《致青年詩人十封信》（*Letters to a Young Poet*）中寫道：「也許所有令我們害怕的事物本質上是無助的，這些事物渴望我們的愛。」

你可以學會如何用接納來面對恐懼。事實上，你的恐懼一生都在等待你的陪伴。當你願意給恐懼一些空間，它便能穿越你而過，讓你再次回到內在的幸福草原。

> 請再一次回到身體，看看你幾頁前邀請放鬆的那個部位，是不是又再次緊繃了？請記住，是恐懼讓你的身體收縮。深深吸一口氣，然後輕輕邀請那個部位再次放鬆。就算它又緊縮起來，這一刻的放鬆依然是有意義的。

章節重點

- ☑ 大多數人都活在一股隱隱的恐懼之中，那股恐懼有時會上升為焦慮與不安，有時甚至演變成強烈的恐慌。
- ☑ 無論恐懼是以不安感慢慢浮現，還是在半夜突然襲來、動搖你的內心，它始終都在替你詮釋這個世界。
- ☑ 童年的恐懼不會自動消失，而是被埋藏於內心，並在日常意識之下悄悄影響我們。
- ☑ 我們太害怕恐懼以及它引發的羞愧、憤怒與絕望，於是建立了各種逃避機制，包括強迫行為、忙碌，以及不停試圖修正。
- ☑ 若你讓自己陷入恐懼的迷霧，並用盡一生逃避它，終將付出沉重的代價。你其實不必讓恐懼主宰你的人生。
- ☑ 試圖擺脫恐懼只會招來更多恐懼。真正能脫離恐懼的出路，是透過你的心去認識它。
- ☑ 你真的想要一輩子逃避恐懼嗎？
- ☑ 你越是用心觀察與聆聽，就越能感受到你內在的說書人有多麼害怕。

- ☑ 你正是你的恐懼一生都在等待的那份愛的同在。你的心能夠療癒它們，也能療癒那些由說書人編織出來的故事。
- ☑ 當你願意給恐懼一些空間，它便能穿越你而過，讓你再次回到那片內在的幸福草原。
- ☑ 你無須害怕去看見恐懼。即使陷入恐懼，它也只是發生在你內在某個更寬廣、安然無懼的空間中。

憶起練習・第三週

本週宣言：

恐懼，其實並不可怕。

你的宣言：

∞

憶起時光

我們已經探討過，恐懼來自你內在那位說書人，而你也被深深制約，因而害怕生命。但我們同時也察覺到，恐懼其實總是發生在你內心那片更寬廣的幸福草原裡，從未真正奪走你與內在安適的連結。

為了啟動神經系統中與平靜相關的部分，讓恐懼的雲層逐漸散去，我們會在你練習呼吸時默念的口訣中，再加入一組新的詞語。當你一邊隨著呼吸節奏，一邊對自己默念

「吸……吐……深……緩」時，可以加入這組新的口訣：「平靜……自在」。

這組詞語來自廣受愛戴的佛教僧侶兼作家一行禪師（Thich Nhat Hanh）傳授給社群裡孩子們的冥想練習。這組詞語對安撫與集中心念十分有力量，後來大人們知道了也開始跟著使用。

吸氣時默念「平靜」，吐氣時默念「自在」。別用頭腦思考，請讓自己感受這些詞語。你不需要強迫自己冷靜下來，只要單純透過感受這些詞語的本質，邀請平靜與安在來到你心中。如果你已經把前面那幾組口訣寫在一張小卡上，現在可以再加上「平靜……自在」。如果你對這組詞語有共鳴，也可以在任何時候使用它們，幫助自己保持平靜與專注。

如果你習慣為練習計時，請在上週的基礎上多加一分鐘，練習七分鐘；如果不在意時間，就隨著好奇心的節奏慢慢進行。讓我們開始吧：

請閉上眼睛，把注意力輕輕探向內在體驗之河，感受此刻成為「你」是什麼樣的感覺。

在接下來至少三次呼吸中，吸氣時輕輕收緊肌肉；吐氣時慢慢放鬆全身，並發出象徵釋放的聲音：啊——。

將注意力帶到你的呼吸，讓自己放鬆，沉浸在這個滋養的呼吸循環中。感受吸氣時的敞開，以及吐氣時的放鬆。提醒自己，在這幾分鐘裡，你正在邀請思緒停留在呼吸上，並在心中默念：「吸……吐……深……緩……平靜……自在。」

當你發現注意力又回到腦海中的念頭，不需要批判自己這樣的情況出現了多少次，將注意力帶回呼吸與這些安定、聚焦的詞語就好。

最後，將注意力擴展至整個身體，靜靜觀察，經過這段你給予自己全然關注的時光，有沒有什麼變化。

當你準備好了，請慢慢睜開雙眼。

簡易版

請閉上眼睛，把注意力輕輕探向內在體驗之河，感受此刻成為「你」是什麼樣的感覺。

在接下來至少三次呼吸中，吸氣時輕輕收緊肌肉；吐氣時慢慢放鬆全身，並發出象徵釋放的聲音：啊——。

將注意力帶到你的呼吸，在心中默念：「吸……吐……深……緩……平靜……自在。」

若你發現自己的注意力離開了呼吸，不需要責備自己，將注意力帶回來就好。

最後，擴展你的覺察，感受在有意識的呼吸之後，有沒有什麼變化。

當你準備好了，請慢慢睜開雙眼。

第 4 章

你不孤單

我們已經看見說書人的根源是恐懼，也對恐懼的世界有了更深入的理解。現在，是時候學習轉向自己當下的經驗，而不是迷失在其中。

第一步，也是最關鍵的一步，是認清你並不孤單，因為有一股智慧始終與你同在。如果你對「智慧」這個詞沒有共鳴，也許你會更偏好稱它為「臨在」、「指引」、「神」、「摯愛」、「內在智慧」或「天使」。這些名稱都指向同一個真理：你並不是孤單地走在生命的道路上，只是你一直這麼以為。即使你尚未察覺，這種支持始終都在，從來不曾離去，將來也不會離開。「認出」是最貼切的詞，因為我們正在重新認識生命最根本的真相。

歐普拉・溫芙蕾（Oprah Winfrey）在 2011 年的引退節目中坦率地分享了這項真理：

我一生都感受到神的存在。即使當時還無法找到最恰當的名稱，我依然能感受到那個超越自我的聲音在對我說話。而這個聲音，其實我們每個人心中都有。靜下心來，去感受祂想對你說些什麼。祂一直都在對你說話，只等著你聽見。

每一個行動、每一個決定，我都會等，也會傾聽。我讓自己靜下來，等待那份來自超越我有限心智的指引。我知道，神就是愛，也就是生命，而你的生命，也一直都在對你訴說些什麼。

歐普拉用了「神」這個詞，而我很喜歡史蒂芬・拉維在我參加的一場工作坊中說過的話：「我之所以用『神』這個詞，是因為我對祂的真正意義毫無頭緒，但目光所及之處無不見祂的存在。」

大多數人在生命旅途中常常感到孤單，感受不到任何支持。但即使我們有這樣的感覺，我們其實並不孤單。的確有某個超越我們的存在，始終在對我們說話。

想像有兩條魚同時跳出水面，其中一條對另一條說：「我終於明白什麼是水了！」魚的一生都活在水中，卻從未意識到水的存在。發現這個生命真相的過程也是如此。我們長久以來被籠罩在厚厚的雲層中，而這些雲遮蔽了那份始終與我們同在、充滿愛的支持。

使我們分離的咒語

充斥你腦海的掙扎之雲，使你與幸福草原失去連結，也遮蔽「你並不孤單」這個真相。這些雲層不僅包含你對生命的想法與掙扎的故事，也包括你在童年時期接受的、基於恐懼的信念。這些信念深植在我們心中，因此我們幾乎從未察覺。我把這些核心信念稱為「咒語」，因為它們是被強加於你的觀念。它們並不真實，也可以被解除。

與其陷入這些咒語，你可以學會認出它們，理解它們如何製造出慣性的思維模式，使你迷失在掙扎之雲中。我們每個人都接受了八種核心咒語，如果仔細觀察，就會發現它們全都源自恐懼。這八種咒語可分為三類：首先是兩個「根源咒語」；接著是三個「行動咒語」，它們描述了我們在接受前面兩個咒語之後，是如何思考與行動的；最後是三個「隱藏咒語」，它們揭示了我們因為長期認同這些咒語而背負的核心創傷。

根源咒語

我與生命是分離的。

生命並不安全。

行動咒語

我必須掌控生命。

我必須做好每件事。

我做得不夠好。

隱藏咒語

我沒做好，我有缺陷。

我不值得被愛。

我注定孤單一人。（核心咒語）

兩個根源咒語

在你生命第一年某個時刻，當念頭開始在你腦中浮現時，你接受了第一個咒語：「我與生命是分離的。」你開始相信自己的內在有個稱為「我」的存在，而生命是在「外面」發生的。這就好比心臟中的某個細胞說：「我不屬於心臟，我的生命與組成心臟的其他細胞毫無關聯，更不用說其他身體部位了。」

這個咒語相當荒謬，完全與真相相反。為了幫助參加我靜修課程的人認出這個咒語，我經常請他們拿起一顆草莓，我會先告訴他們，他們手裡拿的不是草莓，而是整個宇宙，因為這顆草莓的存在，仰賴了時空中萬事萬物的一切力量。

我們如今知道，構成草莓的每一個原子，都曾經是恆星的一部分，因為恆星是孕育大多數生命元素的搖籃。因此，這顆草莓的存在仰賴恆星的誕生，也仰賴地球的形成，以及過去近四十六億年來地球所展現出的所有創造力。這一切促成了這顆草莓的母株，母株來自一顆種子，而它又來自另一顆種子，如此一路向前，穿越時間的長廊。那條延續的脈絡會在哪裡終止呢？它是一條生命之線，源自我們宇宙的開端。

> 請抬起頭看看四周，你會發現眼前所見的一切，皆由曾是某顆恆星的原子所構成。

這顆草莓之所以存在，全仰賴太陽日復一日地奉獻自身的能量。它還需要水，而水在我們目前探索過的銀河區域中，是極為稀有的物質。倘若沒有大氣層與構成「天氣」的各種動力，水又怎能持續流動、孕育出生命？這顆草莓也仰賴山脈與樹木化為土壤，還有土壤中的細菌與蚯蚓，為大地注入生命的活力。它甚至還需要數十億年前為地球注入氧氣、讓細胞生命得以誕生的藍綠藻。

因此，這顆小小的草莓之所以存在，背後是整個地球無盡的創造力在支撐。它的存在幾乎仰賴一切萬有。而你也是如此。「你是一個獨立存在」這樣的想法，其實只是幻覺。就像心臟中的細胞從來不是孤立的，你的心從來不會與整個身體分離，而你也從來不曾與生命整體失去連結。

你與時空中萬事萬物之間，存在著深刻而縝密的連結。沒有太陽、星辰、水、土地與天空，你無法存在。若沒有蜜蜂替你所食之物授粉，沒有農人收割作物、沒有貨車司機運送食物到市場，甚至沒有那些開採石油、讓卡車得以行駛的人，你的生活又如何得以延續？這樣的例子可以無止境地說下去。你之所以存在，是因為一切萬物都在成就你。正因如此，你也與一切萬物緊密相連。

據說愛因斯坦曾說過：「我每天都會無數次深刻地意識到，我的內在與外在生命，全都建立在無數同胞的努力之上，不論他們仍在世或已逝去。而我必須全力以赴，盡可能回報我所領受的一切。」這句話講的是那些成就他生命的人，而我們此處所談的，則是成就你存在所需的一切生命創造力。

「分離」的錯覺不僅存在於物理層面。事實上，萬物在所有存在的層次上，都是彼此交織、互相關聯的。請環顧你此刻所處的空間，生命似乎只是由一堆彼此分離的物體構成，包括你自己在內，但如今科學逐漸揭示，我們所能看見的一切，其實都是一種能量場的外在表現，而這個能量場在極深的層次上，將萬物緊密連結。

你可以試著將生命想像成一棵樹。這棵樹有著你無法看見的根，因為有這些根，樹幹、樹枝、樹葉、花朵與果實才得以生長。同樣地，你所看見的一切，都來自那不可見的生命之根。這個根是一個能量場，在這個場域中，萬物在每一刻都彼此相連、息息相關。這意味著每一個原子、分子、岩石、昆蟲、行星、細菌、星體、草葉，以及每一個人，包括你，都是這個能量場的獨特展現。你不只是獨一無二，更是這個場域中不可或缺的存在。正如你的心臟需要每一顆細胞來成為心臟，生命也需要你來成為完整的生命。

我們正在探討的這些內容，其實與我們從小習得的牛頓物理學觀念背道而馳。那套物理學告訴我們：萬物彼此分離。然而，我們如今正逐漸從這場夢中甦醒。現代物理學幫助我們看見許多古老的神祕傳統早已領悟的：生命就像一張蜘蛛網，網上的任何微小震動，都會被整張網所感知。舉起你的手，在空中輕輕揮動。從某個極深層次來看，你周遭的植物、人與動物，其實都感受得到這個動作。你本身就是這張網的一部分，你的每一個動作，也都在牽動這張網。

所以，一切（絕對的一切）都源自這張存在之網，與它緊密相連、受它賦予生命，最終也將如海浪消融於海洋般，回歸這張網，或說這個能量場。海浪與海洋並不是分離的，它只是海洋暫時展現出來的形式。生命中的萬物與人也是如此。因此，從某個真實的層面來看，這裡其實只有「一個我們」。我們都是那張彼此交織的存在之網的外在展現，其中的一切，都仰賴彼此而得以存在。

> 請抬起頭看看四周，你會發現周遭的一切，皆是那底層能量世界的外在展現。

世上其實沒有任何事物是彼此分離的，一切都是相互連結的。我們不妨想想過去曾深信不疑的世界觀。人類曾經相信地球是平的，而主張「地球是圓的」的科學家，當時往往被視為笑柄。許多人覺得這種想法荒謬至極，還試圖反駁：「如果地球是圓的，那人為什麼不會掉下去？」

「我與生命是分離的」就是一個看似真實卻完全虛假的幻覺。如同我們一路探索的，這個咒語也許能夠幫助我們開始理解，在物質與能量層面上，萬物確實是相連的。但更重要的是，它也造成了極深的痛苦。如果我們不知道彼此本是一體，就很容易相信自己與他人本質不同。很多人仍陷在一種尚未成熟的信念之中，堅信自己的膚色、政治立場、信仰、性傾向、意見、性別或宗教比別人優越。

這個咒語在我們的親密關係、政治立場甚至宗教之間畫出一道道分隔線，甚至創造出「國界」的概念，讓我們爭鬥不休。如果我們相信自己與地球是分離的，掠奪與汙染便顯得「理所當然」。最終，這個咒語使你與生命本身失去連結，使你失去對生命的信任，也失去對自己的信任。你也因此與「活著」這件事的純粹喜悅失去連結。如果不是它帶來了這麼多痛苦，光是它與真相的距離，說不定還真會讓人發笑。

第二個咒語是：「生命是不安全的」。它源自第一個咒語，是人類最深層的幻覺。這個咒語正是我們在上一章所深入探討的恐懼。生命是一股極具智慧、慈悲且不斷展開的力量，這股力量之中也包含了暴力與死亡。生命支持生命，它知道自己正在做什麼。沒錯，生命裡有痛苦，但當你封閉自己，拒絕與生命的流動同在時，所承受的痛苦將會更加沉重。生命未必總是可愛的，卻始終是站在你這一邊的。

請暫停片刻，把注意力輕輕探向內在體驗之河，試著以好奇心感受此時此刻作為「你」是什麼樣的感覺。要知道，這一刻是你生命中獨一無二的片段。當你能夠全然地與這一刻同在，你就已經超越了咒語的束縛。

三個行動咒語

這種「生命讓人恐懼」的信念，帶來了第一個行動咒語：「我必須掌控生命。」

這個咒語就像心臟裡的一個細胞誤以為它得獨自跳動並調節整顆心臟。這個咒語根深柢固，因此大多數人根本不知道，真正掌管生命的是那股生命的智慧。它從數十億年前就一直編排著生命之舞；它也調節著我們的荷爾蒙，讓我們的心臟持續跳動。

這個控制的咒語，使我們相信生命是要去「經營」的，而不是去「活出」的，於是又衍生出第二與第三個咒語：「我必須做好每件事」以及「我做得不夠好」。大多數人都困在一種惡性循環裡：付出各種努力想把生命經營好，卻又在內心深處相信自己做得不夠好。這樣的自我懷疑會把人拉回原點，更加堅信自己需要更努力控制自己與整個人生。

真正的療癒，只有在你看見這三個咒語與它們所帶來的內在掙扎，並鬆開與它們的糾纏時，才會發生。你所渴望的平靜與喜悅，不是來自改變任何外在事物，而是來自你看清這些咒語，並從中抽身的能力。

剛開始，「不需要費力操控你對生命的經驗」這個觀念，可能會讓人感到相當陌生。那是因為你（就和大多數人一樣）從小就被教導：你的任務就是把你的人生變成你認為應該要有的模樣。換句話說，你被訓練成努力「打造」某種現實，而不是如實出現在「真實」之中。

當你逐漸意識到，試著掌控生命只會讓你無法真正體驗生命，而生命其實自有其智慧與安排，你會開始認清一個事實：**敞開心胸迎向生命那充滿創造力與智慧的流動，其實是安全的**。是的，那股流動當中也包含痛苦、失落與死亡。我們想要掌控生命，是為了逃避這些看似難以接受的經歷。然而，與生命之流對抗所造成的痛苦，遠遠超過我們敞開接納一切所經歷的痛苦。

敞開心扉迎向生命之流，最初可能會讓人感到害怕。這是因為「掌控」的幻覺會帶來一種被保護的錯覺，就像穿著盔甲走在人生道路上，而當你放下戒備，開始融入生命的流動時，盔甲開始一片片鬆脫，你會感覺自己毫無防備，就像赤裸地面對一切。想要擁有放下這種幻覺的勇氣，不妨問問自己：穿著沉重的盔甲噹啷作響地走路，和輕盈自在地行走、跳躍、舞動，哪一種方式更像是真正地活著？

實際上，即使你不耗費心力去控制生命，它也未必會瓦解或炸裂。光是設想這樣的可能性，本身就需要勇氣，但隨著你逐漸覺醒，並對控制生命的興趣消退，反而會更渴望與生命連結，敞開心胸迎向那股創造性的流動，其中既有光明，也有黑暗。在這樣的開放狀態中，你會發現最安全也最富創造力的選擇，其實正是鬆開對掌控的執著。

> 先將書本擱在一旁，將注意力輕輕帶回呼吸的節奏。默念：「吸……吐……深……緩……平靜……自在」。給予自己這片刻的時光。當你感覺準備好了，再回來閱讀。

三個隱藏咒語

你越是深陷行動咒語，它們對三個隱藏咒語的影響就越強大：「我沒把人生過好，我有缺陷」，因此「我不值得被愛」，最後「我注定孤單一人」。這些恐懼悄悄地潛藏在每一個人的心底，大多數人幾乎從未察覺。即使偶爾意識到也會極力掩飾，不願讓任何人知道自己其實有這種感受。

第一個咒語「我有缺陷」來自羞愧的世界。我們每個人都體驗過一種自我批判的罪惡感，覺得自己做錯了什麼。這種罪惡感在適當時機能幫助我們修正方向；然而，大多數人的自我批判早已超過事件本身，從「我做錯了」演變成「我有錯」。這個聲音時而細微，時而刺耳，總在你心中與某種理想自我比較，然後責備你為何無法完美。

你是否曾因為害怕對方不再喜歡你，而不敢向摯愛之人坦露某一部分的自己？這就是「我有缺陷」的咒語在作怪，它悄悄對你說：「我不夠好、不夠正確、不夠完美，所以我不值得被愛。」如果你懷疑自己內在真的藏有這樣的信念，不妨想像有一台讀心機器，會把你腦中的每一個念頭都透過擴音器播放出來。大概像多數人一樣，光是想像這種情境就讓你渾身不自在。當你細細檢視那些你不想讓人知道的念頭時，你會發現：這些羞愧背後隱藏的，是一個根本經不起驗證的信念：「因為我有這些念頭與行為，所以我是壞人，我有錯！」這個咒語一旦盤據你的內心，就會遮蔽你與生俱來的美麗、獨特與完整，甚至讓你無法與生命真正接觸。

你越是陷入「我有缺陷」的咒語，就越容易被第二個隱藏咒語「我不值得被愛」所吞噬。這個咒語特別傷人，因為我們與生俱來就需要連結才能存活。年幼時的你極度脆弱，萬物皆比你龐大，也遠比你強大，而求生的本能早已寫入基因之中。你內心深處知道，那些你仰賴為生的「巨人」（父母）掌握著你得以存活的資源：食物、水與棲身之所。你很快便理解，取悅父母才能換得關注與連結，否則可能招致忽視甚至剝奪。於是你開始訓練自己成為一個「乖小孩」，依照父母與社會的期待塑造自己。《活在當下》（*Be Here Now*）的作者拉姆·達斯（Ram Dass）稱這個過程為「成為某種人」的訓練，也就是學會如何成為別人眼中「應該要有的模樣」。

為了求生，你投入大量心力成為「應該要有的模樣」，不只是為了換取基本需求，也為了贏得家人關注所帶來的慰藉，因為關注本身對生存同樣重要。1950年代，威斯康辛大學的心理學家哈利·哈洛（Harry Harlow）進行了一項著名的實驗，他將一群剛出生的幼猴自母親身邊帶離，單獨放進籠子裡，並提供牠們兩隻「代理母親」作為選擇。一隻是鐵絲構成的假猴子，腹部懸掛著奶瓶，可以餵食；另一隻則是用柔軟絨布包裹、無法餵食的假猴子，但能讓幼猴依偎取暖。實驗反覆顯示，幼猴幾乎總是選擇絨布媽媽，即使那隻不會餵食的代理母親無法提供營養。這說明了慰藉與親密的觸碰，有時甚至比食物更為重要。

當你覺得自己值得被愛，你與自身以及生命的連結就會變得更緊密。而當「我有缺陷」的咒語占據你的內在，讓你深信自己不值得被愛，你就會開始疏離，進而落入第三個咒語：「我注定孤單一人」。這是幾乎所有人最深層的恐懼。事實上，在人類仍生活在部落時期，對於「被放逐」的恐懼甚至超過了對身體懲罰的恐懼。因為被驅逐出群體意味著孤身一人面對野獸、飢餓與死亡。

神奇的是，孤單的感受其實與真實情況背道而馳。這也是本章想帶你探索的重點：你從來不是、也永遠不是孤單的。支持一直與你同在，它指引你、陪伴你、愛著你，不論你是否感知得到。孤單的英語「alone」只要在字母「l」之後加上一個連字符，就會變成「al(l)-one」，也就是「全然合一」。

❖

> 請先放下一切，在這個珍貴的片刻裡，只專注於一個事實：此時此刻，是你生命中唯一重要的時刻。當你的注意力與眼前的經驗越趨合一，就越能察覺：你並不孤單。

這八個核心咒語不只源自恐懼、以批判為黏著劑，它們也讓你深信自己孤立無援。但你可以透過慈悲的好奇心去看見當下真正發生的事。如此一來，你將逐步看透這些咒語的虛假面目。越是這樣凝視自己的內在，就越能鬆開那些從童年時期便深植心中的舊有信念。

為了讓你更能認出這些咒語，本書末附有一份附錄，列出了你內在的說書人可能會用哪些方式說出這些咒語。花些時間細讀那份清單，勾選出你覺得熟悉的語句，這會對你非常有幫助。這不只是認識你的說書人，更是學會從它的束縛中解脫的第一步。只有當你不再被說書人牽著走，才能看見心中原本就存在的幸福草原。

能夠與某個咒語誠實共處，其實就等於敞開了一扇門，通往一種與它截然不同的體驗。以我自身為例，當我學會與極端的自我批判共處，那股長年緊繃的能量開始鬆動，逐漸轉化為慈悲。當我能夠與內心深處的恐懼共處，願意給予它關注與接納，讓它得以釋放，它便成為通往喜悅與深刻信任生命的道路。有位朋友曾說過一句令我難以忘懷的話：「恐懼，其實只是還沒來得及呼吸的狂喜。」而當我學會與絕望共處，我發現：我並不孤單。

> 請暫停片刻，深吸一口氣。接著，慢慢地吐氣。請思考這個可能性：你可以學會如何看透自己的咒語，並從你內在的幸福草原上重新展開生活。

「神」是什麼？

為了讓你明白你不孤單，我們必須探索「神」這個概念。回溯歷史長河，人類始終相信有個更偉大的力量在掌控世間一切，猶太教和基督教文化中，這個力量稱為「神」。

起初，人們將這股「更偉大的存在」視為超自然的神祇，必須靠祭品與循規蹈矩來取悅祂。隨著觀念演變，我們發展出形象化的理解：神是位留著鬍鬚、坐在天上、裁決人是否夠好才能進入天堂的男子。再後來，我們不再將神視為人的投影，而逐漸將祂理解為全知全能的存在。有些人認為神嚴厲而苛刻，有些人則感覺祂慈愛而仁厚。不論是哪一種，這股神性力量通常仍被認為是某種「在個人之外」的存在。

如今，我們準備好在認識神的旅程上更進一步：「神」是一個動詞。祂不是可以被定義的存在或事物，而是「存在」本身，在萬物之中流動，透過萬物顯現，並以萬物的形式存在。而你也是其中的一部分。神是滲透萬有、賦予萬物生命的場域，是活在萬物核心的智慧。這樣的理解，不再將神侷限於宗教的信條與規範中，而是讓神重新回到我們日常生活的當下體驗裡。

那我們如何知道，這股智慧確實如歐普拉所說，始終與我們同在？只要靜下來想一想，就會明白這是真的。你曾經只是個渺小到肉眼無法看見的單一細胞，卻逐漸增生為數十兆個細胞。在這過程中，每個細胞都清楚知道自己該加入哪個系統（比如循環系統、神經系統），也知道自己在系統中負責什麼任務。如今，這些細胞不需要你干預，便自動進行消化、癒合傷口、維持心跳，甚至調節體內的酸鹼值。換句話說，你的身體就是一個會行走、會說話的智慧生命場。

> 請閉上雙眼，敞開心感受此刻你體內運作的這股智慧。將手指輕放在頸側，感覺血液有節奏地流動於全身。想像無數白血球正在保護你、療癒你，每一個細胞都是充滿創造力的小小工匠。然後，將手放在胸口，覺察肺中微小的肺泡如何讓氧氣進入血液，同時吸收二氧化碳，再將其吐出。這一切，都是生命核心那浩瀚智慧的展現。

掌管你身體的智慧，只是生命這股宏大智慧的其中一面而已。這股智慧同樣滲透於你的心與意識之中。若要用一個詞來形容它，我認為最貼切的就是「臨在」（Presence）。它始終與你同在。你與它早已有所連結，只是你未曾注意到。它一直在對你說話，但你往往無法聽見，因為你內心那位說書人的聲音太吵又太大。

祈求援助

《歐普拉雜誌》（*O, The Oprah Magazine*）的專欄作家瑪莎・貝克（Martha Beck），曾在她的著作《懷亞當記事》（*Expecting Adam*）中講述了一段極具力量的經歷，直接印證了一項深刻的真理：**我們並不孤單，援助總是在我們身邊。**這本書記錄貝克懷上第二個孩子亞當的過程，亞當在胎內時即被診斷為唐氏症寶寶。當時，貝克已在哈佛大學深耕多年，從學士、碩士一路念到博士後。哈佛崇尚理智，相信一切生命難題皆能以思辨解決，貝克也曾深信不疑。但亞當的到來徹底改變了一切。她說在亞當出生前，「自己幾乎得把哈佛教導的一切全部重新學過」。

懷孕後不久，貝克開始經歷種種超出「正常範疇」的經驗。懷胎五個月時，丈夫剛好出差在外，她與兩歲的女兒凱蒂同床而眠。某夜半醒時，她發現床單濕了，以為是女兒尿床，結果檢查後發現尿布是乾的。她走進浴室、開燈一看，驚覺自己渾身是血。她後來得知這是胎盤早期剝離的症狀，若未即時處理，對母子皆可能致命。

貝克因失血過多，頭暈目眩。她撥打大學保健室的電話，護士要她立刻前往急診室。她虛弱到無法說出丈夫不在家，自己也沒有交通工具。掛上電話後，她開始意識模糊，陷入意識時明時暗的狀態。隨著感知逐漸退去，她開始感受到房間裡似乎有其他「存在」。她看不見、也聽不見，但可以感覺到這些「存在」。「那感覺和氧氣一樣真實、自然」，她在書中寫道。她無法用「天使」、「幽靈」或「靈體」來形容這些「存在」，這些詞都不貼切。最終，她決定用「朋友」來稱呼。

當身體越來越虛弱時，她首先為腹中的孩子求救。她因失血而感到寒冷，但在她開口求助後，立刻感到溫暖湧上身體，接著出血也停止了。那份感覺極度安撫、溫柔。然而這些「朋友」隨後離開，她又開始發冷、眩暈。接著，她做了人生中最困難的一件事：為自己求助。那一刻，她感覺有一雙雙溫暖的手輕輕托住了她，一股從這些手中散發出的溫暖平息了她深層的恐懼，並讓她有種深切的確信：她和她的孩子都安全了。

「那一晚，我不是『沉入』睡眠」，她寫道，「而是像從黑暗冰冷的深潭中『升起』，被千百根羽翼輕柔地送往夢境深處。」她始終不確定那晚到底發生了什麼，但在生命力逐漸耗盡的邊緣，她開始接受那些自己平常絕對不會相信的事。

她後來明白了一件事：當她真心祈求援助時，她微微開啟了她所稱的「宇宙之門」。這樣的協助其實一直都在，只是她從未察覺。而她沒發現的原因也很簡單：她不知道自己可以開口祈求，也不知道祈求本身就是通往援助的大門。

提問的力量

你會如何祈求援助？你又是怎麼發現，其實那些「朋友」從未離開過你？首先，你得理解：你一直以來都被灌輸了兩個最根本的咒語：「我與生命是分離的」、「生命並不安全」；並延伸出三個行動咒語：「我必須掌控生命」、「我必須做好每件事」、「我做得不夠好」；接著又生出三個隱形咒語：「我沒做好，我有缺陷」、「我不值得被愛」、「我注定孤單一人」。它們就像無形的繩索越纏越緊，讓你與始終在你身邊的援助失去連結。記得嗎？瑪莎．貝克說過，當她為自己祈求幫助時，那是她人生中最艱難的一件事。

只要你仍相信「我與生命是分離的」，並因此恐懼生命而覺得自己必須掌控一切，你就無法連結那股時時刻刻與你同在的巨大智慧。請對這個過程保有耐心。你（和大多數人一樣）已經困在這些咒語中大半輩子了。而現在你正在經歷一場感知的轉變，這場轉變將讓你鬆開那些信念，並在鬆脫的過程中看見你從來都不孤單。

我發現，與「臨在」建立關係最深刻也最熟練的方式，就是提問但不尋求答案。這聽起來可能有點奇怪，因為我們習慣一提問就要找出解答，但這其實是向心智尋求答案，而心智經常受限於舊有制約，難以觸及生命核心的智慧。

在心智中尋找答案，常常只會帶來焦慮與挫敗。心智很擅長處理客觀、有明確解答的問題，但你有沒有觀察過自己在回答那些主觀問題時的樣子？像是「我們該結婚嗎？」或「我該買這台車嗎？」這種問題，今天看來是個好主意，明天又覺得哪裡不對勁。這就是我們用心智來應對生活中種種問題時常見的樣子。

相反地，你可以直接轉向生命核心的智慧。提出問題然後放下，是你在這趟回歸本真的旅途中學會最有力量的工具之一。問題的力量不在於答案，而在於問題本身。從某種深刻而長遠的層次來看，答案其實並不重要。重要的是提出問題，然後把注意力帶回當下，讓問題在你的日常意識之下，悄悄發揮它的力量。

這為什麼如此有力量？因為當你提出問題，卻不急著尋找答案，你其實是在繞開心智的慣性，為生命的智慧騰出一個空間，讓它能夠在其中現身。可以肯定的是，生命自會在時機成熟時給予答案，因為生命的能量總會彌補任何空缺。

其實你在日常生活中經常使用這種提問方式，其中一個簡單的例子是記人名。你絞盡腦汁，對方的名字呼之欲出，但你因為想不起來而挫折。然後你繼續埋首眼前的工作，過了一會兒，那名字突然浮現腦海。這就是我說的提問方式，一旦你不再執著地去找答案，問題就會發揮它的魔力，使答案浮現。關鍵是不去找答案。剛開始可能不太容易，因為你早已習慣去找出答案。答案會製造一種掌控的幻覺，但當你願意在問題中停留，生命就會帶領你活出答案，成為它的夥伴。

❖

> 請暫停片刻，把注意力輕輕探向身體感官之河。經常僵硬緊繃的身體部位是否仍不願放鬆？如果是這樣的話，在吸氣時收緊其中一個部位，然後慢慢地在吐氣時放鬆。

我讀過賈桂琳・溫絲皮爾（Jacqueline Winspear）的小說《曙色謀殺》（*Maisie Dobbs*），其中一段內容極富詩意地描述了這節討論的內容：「真相沿著我們提問的路徑向我們走來……一旦你認為自己找到了答案，就等同於把道路封閉起來。這麼做可能會使你錯過重要的新資訊。不論未知多麼令人不安，靜靜地等候片刻，不要急著下結論。」

花些時間消化這句話：「真相沿著我們提問的路徑向我們走來。」換句話說，當你提出問題而不求解答，你就為真相開闢了向你訴說的空間。這種提問方式多數時候不帶焦躁，你只需要提出疑問並且放下，相信解答將在最合適的時機以最合適的方式呈現。

提出問題而不急著尋找答案，其力量就像一個神聖的護身符，無論你正在經歷什麼，它都會靜靜地陪伴著你。你一開始可能無法察覺這股力量有多麼深遠，沒關係，請繼續提問。起初，心智對於提問的驚人力量一無所知，它會持續想要找答案，也會懷疑這樣做到底有沒有用，甚至會忘了要問問題。這就是心智的習性。但只要你持續提問，讓你聽不見答案的心智迷霧就會逐漸散去，而你將會真正地「活出」答案。我最喜歡的問題包括：

- 我準備好在這裡看見什麼了嗎？
- 我該如何走過這段經歷？
- 我需要說／做／成為什麼，才能促成最好的結果？
- 我可以怎麼付出？
- 我是什麼？
- 什麼事物正在呼喚我注意？

如果這些問題對你沒有共鳴，也可以直接問生命：「我的問題是什麼？」

多數人會在某個平凡的時刻豁然開朗。你一定理解這種時刻，內心某處突然茅塞頓開，確定「這就是解答」。可能是在洗澡時靈光乍現，也可能是讀小說時某句話撞進心裡，或是某部電影的臺詞觸動了你。不論答案以什麼形式出現，只要你越常提問，就越能辨識與感受到答案。

但也要記得：答案未必會在你期待的時間出現。提問是向生命發出的訊號，代表你已經準備好要「活出答案」。生命會在對的時機透過你把答案活出來。我長年不斷向生命發問，多數問題的答案都能迅速而清晰地在我心中浮現，但也有一些問題，我已懷著它們多年，仍在等待逐步成熟。我知道，答案終會在最恰當的時刻出現。

> 請暫停片刻，請求生命向你顯現在你身上作用的咒語。然後，把這個提問放下，讓它在你的日常意識之下悄悄發揮它的力量。

當你不急於尋找答案，只是純粹地提出問題，你便開始與「存在」本身進行有意識的對話，並發現你並不孤單。勇敢地踏出那一步，承認生命比你更有智慧，它知道自己在做什麼。將你生命中的挑戰交給生命，交給那個超越你、已經指揮生命之舞數十億年的存在。然後，請敞開心來傾聽，因為生命一直都在與你說話。

最後，送給自己一份珍貴的禮物：練習提出開放式的問題。生命會在它認為適合的時機，用它自己的方式，讓這些問題的答案透過你慢慢浮現。這些提問將逐步鬆開那些咒語帶來的幻覺，讓你看見那片始終與你同在的幸福草原。在那裡，無論你正在經歷什麼，一切終將安然無恙。

章節重點

- ☑ 你並不是獨自走在生命的路上，只是你一直以為如此。
- ☑ 充斥你腦海的掙扎之雲源自你年幼時接受的核心信念。我稱它們為「咒語」，因為它們是被強加於你的觀念，並不真實，而且可以被解除。
- ☑ 這些咒語使你與始終在你身邊的援助失去連結。
- ☑ 你之所以無法與生命的智慧展開有意識的對話，是因為你誤以為自己與生命是分離的。
- ☑ 你所看見的一切，都是一種能量場的外在表現，在那裡，萬物彼此依存。
- ☑ 生命自有安排，你可以安心敞開自己，順應它的流動。
- ☑ 當你試圖掌控生命時，你便無法真正地體驗它。
- ☑ 「神」是一個動詞。祂不是可以被定義的存在或事物，而是「存在」本身，在萬物之中流動，透過萬物顯現，並以萬物的形式存在。而你也是其中的一部分。
- ☑ 「臨在」始終與你同在，只是你未曾注意到。它一直在對你說話，只是你被說書人的噪音淹沒，因此聽不見它的聲音。

- ☑ 提出問題然後放下，是你所能學會最有力量的工具之一。問題的力量不在於答案，而在於問題本身。
- ☑ 當你提出問題時，關鍵是不去找答案。起初，心智會持續想要找答案，也會懷疑這樣做到底有沒有用，甚至會忘了要問問題。
- ☑ 勇敢邁出一步，相信生命比你有智慧，並且自有安排。
- ☑ 將你生命中的挑戰交給生命，交給那個超越你、已經指揮生命之舞數十億年的存在。然後，請敞開心來傾聽，因為生命一直都在對你說話。

憶起練習 · 第四週

本週的宣言：

我不孤單。

你的宣言：

∽

憶起時光

為了更清楚地看見讓你與始終存在的援助失去連結的咒語，可以先觀察看看，當你的注意力又飄到念頭的世界時，你的說書人正在做什麼。你大半人生都把那位說書人當成自己的一部分。為了學會與它建立連結，而不是被它牽著走，請留意說書人正在講述過去還是未來的故事。

請先閱讀以下指引，然後放下書本，開始探索。如果你習慣為練習計時，請在上週的基礎上多加一分鐘，共八分鐘；

如果不在意時間，就隨著好奇心的節奏慢慢進行。讓我們開始吧：

請閉上眼睛，把注意力輕輕探向你的內在體驗之河，感受此刻成為「你」是什麼樣的感覺。

在接下來至少三次呼吸中，吸氣時輕輕收緊肌肉；吐氣時慢慢放鬆全身，並發出象徵釋放的聲音：啊——。

將注意力帶回你的呼吸循環，在心中默念那些安定、聚焦的詞語：「吸……吐……深……緩……平靜……自在。」

當你發現注意力被說書人的聲音帶走時，留意它在講述關於過去還是未來的故事。如果你察覺那些念頭與過去有關，在心中輕聲說「過去」；如果與未來有關，則輕聲說「未來」；如果無法分辨過去或未來，或只是恍神了，不妨輕聲說「故事」，然後把注意力帶回呼吸。

最後，將注意力擴展至整個身體，觀察一下，經過這段你給予自己專注與療癒的時光，有沒有什麼變化。

當你準備好了，請慢慢睜開雙眼。

ꕤ

簡易版

請閉上眼睛，把注意力輕輕探向內在體驗之河，感受此刻成為「你」是什麼樣的感覺。

在接下來至少三次呼吸中，吸氣時輕輕收緊肌肉；吐氣時慢慢放鬆全身，並發出象徵釋放的聲音：啊——。

將注意力帶回呼吸，在心中默念那些安定、聚焦的詞語。

當你發現注意力飄向念頭，留意說書人在講述關於過去還是未來的故事，然後輕聲為它命名。若無法辨識，就說「故事」。接著把注意力帶回呼吸與安定的詞語上。

擴展你的覺察，感受在與自己相處的這幾分鐘後，內在有沒有什麼變化。

當你準備好了，請慢慢睜開雙眼。

第 5 章

好奇心的療癒力

在我們邁入下一個階段，學習如何看透掙扎之雲前，先來回顧一下你已經完成的內在練習。首先，你開始意識到自己有多常把注意力放在那位充滿恐懼與批判的內在說書人身上。你也漸漸明白，這些故事的根源早在你童年時期就已形成，而它們大多是圍繞著「生命應該要不同於現在這個樣子」的渴望所展開。此外，你也開始思考，也許你並不是孤單一人走在這條生命旅程上，並且一直都有某種援助在你身邊，只要你願意尋求，它就會出現。

現在，你已準備好揮散這些雲層，重新看見眼前的幸福草原，並再次學習放鬆身心、融入生命的流動。請記住，你從未真正離開過草原，只是以為自己離開了。而當你不斷想要修正、改變、擺脫或戰勝那些掙扎的故事，只會讓你陷入更多掙扎。

如果要重新與生命連結並感受全然活著的喜悅，你需要了解究竟是什麼隔絕了這份連結。你需要認識自己的掙扎之雲，理解它們是由哪些咒語（也就是信念）編織而成，以及當你被咒語困住時，心中會浮現哪些故事。想要看清這些咒語與故事又不陷入其中，最關鍵的能力就是帶著好奇心去感受你正在經歷的真實狀態。

我認為最貼切的形容，是一個我稱為「一千扇門」的隱喻。想像你被困在一個房間裡，四面牆上全是門，每扇門上都寫著「出口」。這個房間象徵的是你那充滿掙扎的自我。某一些門告訴你只要你解決自己的「問題」，一切就會好轉；另一些門則寫著只要你忽視、理性分析、否認、麻痺自己，或者逃避，就能走出這個房間。

你嘗試了九百九十九扇門，而每一次的結果不外乎三種：門打不開、門後是一面牆，或者門雖然打開了，你也走了出去，卻發現自己又回到了同一個房間。

還有一扇門，你從未試過。那是一扇非常小的門，藏在一個陰暗的角落。你瞇著眼看見門上寫著一個單字，但看不清楚到底是什麼。你只看出前兩個英文字母是「he」，於是猜想那扇門可能通往「地獄」（hell），便盡量避得遠遠的。

然而，在你一次又一次嘗試了九百九十九扇門，卻始終一無所獲之後，你開始思考也許地獄都比這個房間好。於是你走向那個角落，蹲下身仔細看看那扇小門。接著，你驚訝地發現門上寫著「這裡」（here）。你恍然大悟，這扇門其實是在邀請你帶著好奇心認真感受當下的經驗，而不是總想著要把它變成另一個樣子。但這扇門小得幾乎無法通過，你不禁開始懷疑，光靠好奇心真的能幫助你逃離房間嗎？

不過，既然其他的門都走不出去，你決定試試這扇小門。而當你開始培養好奇心，神奇的事情發生了。你的好奇心越旺盛，這扇門就變得越大。你不再需要硬擠過那扇門，從心智的牢籠中逃出去，而是驚訝地發現房間的牆開始逐漸變淡，直到整個房間煙消雲散，你再次與生命完全連結。

學會看見

❖

> 請暫時放下書本，用幾分鐘的時間，把注意力放在你周遭的聲音上。留意這些聲音和你過去曾經聽見的有何不同。注意它們是如何出現，又如何消失。即使你覺得這聲音以前聽過，它仍然是全新的。你正在聆聽生命的原聲帶。當你靜心聆聽，會聽見聲音不斷浮現又消逝。保持好奇心。有的聲音宏亮，有的細微，有的來自你身邊，有的來自遠方，甚至還有來自你體內的聲音。跟隨好奇心持續聆聽。當你準備好時，再回到書本。

在這短短幾個片刻裡，你並不是在思考生命，而是對生命感到好奇。好奇心是讓注意力與當下經驗匯聚的藝術。當你的注意力真正聚焦在此時此地，你會發現原來身邊有這麼多從未注意到的事情正在發生。這就是生命，而當你帶著好奇去靠近它時，你便與它產生了直接的連結。

我們每個人都曾經歷過全然活在當下的時刻，只是沒多久又會不自覺地回到各種關於生命的故事之中。我希望你現在能夠明白「關於生命的故事」與「生命本身」截然不同。你也需要明白，那個總在腦海中喋喋不休的說書人，其實很害怕敞開心扉迎向生命，因此會想盡辦法把你的注意力重新拉回雲層裡。但憑藉著好奇心的力量，你可以開始看透那些雲層，再次向生命敞開。

要學會以好奇心看見生命，首先得明白生命的純粹能量正源源不絕地流經你。這股能量穿越你的身體與心智，凝聚成一波波的念頭、身體感覺與內在感受。但這些都不是真正的你。你是那份覺察，是那個能靜靜看著念頭、身體感覺與內在感受在你開闊的內在空間中起伏來去的存在。

閉上雙眼，在心中默念幾次「平靜」。如果你仔細觀察，會發現一部分的自己在說出這個詞，另一個部分則在覺察這個過程。這份覺察才是真正的你。它能看見每一刻正在發生的事情，因此不會被你的念頭、身體感覺、內在感受與各種經驗所糾纏。即使腦中沒有任何念頭，你依然存在。認清這個事實，就是重新與內在草原連結的開始。

你就像大多數人一樣，早已遺忘了這個真相：你本來就是能看見並與當下同在的存在。相反地，你從小被教導要認同自己的念頭，還有那些由念頭引發的身體感覺和內在感受。

你逐漸習慣與經驗對抗，試圖改變正在發生的事。你學會了透過評價、批判和控制來抗拒生活中的種種，特別是那些讓人不舒服的部分。但是，否認、抗拒、操控以及想讓生活變得不一樣，實際上只會陷入更深的掙扎，讓雲層更加濃密。

不妨問問自己：「這種不斷追求美好、排斥痛苦的方式，真的曾帶來持久的平靜嗎？」只要你誠實面對自己，答案多半是否定的。試著想像一個人忙著控制天空中雲朵的移動，你會看見那過程多麼費力和徒勞。他越努力，只會越挫敗、越絕望。而他專注於雲朵的同時，早已忽略了腳下的草原與整個生命的景色。想要控制腦海中的雲朵也是如此。

當你開始檢視那些交織成雲層的故事時，會發現它們的核心潛藏著一股揮之不去的沉重感，而你整天都在傾聽它們的聲音。你或許在心裡深怕自己不夠好，或者擔心會失敗，也可能經常感到焦慮、羞愧與不安。你可能害怕別人批評你、利用你，或是不再愛你。而你就像多數人一樣，渴望掌控一切，也極度習慣依賴他人的認可。

當然，你的生命中也有快樂、良善和令人欣喜的時刻，但只要發生說書人不喜歡的事，這些時刻很快就會消失，因為你相信快樂取決於人生的事件與處境。多數時候，說書人忙於應付日常瑣事，但當真正的挑戰出現時，它反而不知道如何應對，也無法從挑戰中汲取那份與生俱來的禮物。那是因為它早已習慣對生活做出反應。無須批判這一切，這只是人類心智的自然運作方式。

如果你不再批判，而是用心觀察，你會發現最大的痛苦來自相信心智的掙扎。你所有的問題都存在於心智裡。生活確實會有挑戰，但說書人會把挑戰轉化成問題，然後像牛反芻般一遍又一遍咀嚼不放。你所受的苦也來自抗拒當下正在經歷的事情。抗拒只會讓雲層變得更加濃密。你越抗拒自己的經驗，內在就越緊繃。你越陷入掙扎之雲，就越感覺與生命失去連結。

> 請閉上雙眼，意識到自己此刻坐著。生命中的無數時刻都引領你來到此刻。問問自己：「我怎麼知道自己坐著？」你能感覺到臀部與椅子接觸的地方嗎？那裡有壓力嗎？是否有麻麻的感覺，或是一絲疼痛？別小看這短短幾秒覺察當下的力量。

你剛才是否真的暫停下來，將注意力帶回自己身上？這是你能送給自己最棒的禮物。如果你沒有這麼做也沒關係，只要去留意那股總想逃離當下的強烈衝動就好。

對「解決問題」上癮

心智最習慣讓你分心並遠離當下的方式，就是不斷製造問題，再費盡心力設法解決。事實上，心智可以說是一座問題工廠，從早到晚不停製造各種問題。令人驚訝的是，一個問題才剛解決，通常不用多久，另一個問題又會冒出來。久而久之，我們都對「解決問題」上了癮。

這會如何影響你的生活呢？試著想像自己回到了那片草原，但是仍然被雲層籠罩。接著，想像自己拿著一團打結的毛線球。你把全部的注意力都用來嘗試解開它。你感受不到草原的存在，甚至完全看不見它。你迷失在心智之雲，只顧著解決最新出現的問題（那團毛線球）。

這座問題工廠驅使你不停操控外在世界，好避免任何事觸發說書人基於恐懼的信念。你想改變伴侶，因為對方讓你感到不自在。你待在有害的關係中，因為害怕孤單。你在開會時想上廁所，卻不敢提前離席，因為害怕別人對你指指點點。問題工廠可能還會讓你花大錢在髮型、健身課、瘦身產品、自我成長課程、自助書甚至冥想課程，只為換來一點被接納的感覺，好讓你不再那麼害怕被拒絕。但當你好不容易解決了一個問題，工廠很快又會製造下一個。而當你試圖解決這座工廠，也只是另一種「解決問題」的延伸。

你必須明白，雖然我們從小被教導心智是生命的主宰，但它從來不是為此而設計的。它是一件精巧的工具，能協助你處理生活瑣事，但不應該由它來主導生命。真正的舵手是生命本身，而它遠比你的心智更擅長引領你前進。事實上，這世界上的一切暴力、仇恨與攻擊，幾乎都來自那些迷失在心智之雲裡，並對說書人恐懼與批判的聲音做出反應的人。

把生命交給心智來掌管，就像是把汽車鑰匙交給一個孩子。孩子的身形太小，就算能讓車子動起來，卻看不見前方的道路。同樣地，把生命的方向盤交給心智，就好比是在茫然之中駕駛，根本看不清此刻的路況，更無從預測未來。讓心智來主導你的人生，會使你陷入各種糾結，當你意識到這點，就能理解為什麼我們所處的社會充斥著憂鬱、疏離與各種成癮行為。

事實上，生命從來不在你的掌控之中，也不該如此。心智變化無常，這一秒說「好，就去做」，下一秒又說「不，還是別做了」。說真的，連讓自己的念頭維持一致幾分鐘都很困難，卻還認為這種瞬息萬變的心智該掌控生命，這不是太諷刺了嗎？

你可以學會善用心智，以好奇的態度面對生命，而不是一味地想要操控或抗拒。覺醒所帶來的最大喜悅，就是發現你其實不需要去掌控生命。你真正渴望的自由與喜悅，來自與生命的連結，而好奇心正是建立這份連結的關鍵。

> 請暫時放下書本，將注意力帶到呼吸循環上，好奇地感受此刻的呼吸。你感覺得到空氣在鼻腔或胸口移動嗎？腹部是否隨著呼吸微微起伏？手臂會隨之擺動嗎？單純地好奇生命此刻如何透過你的呼吸展現。當你這麼做時，你的說書人又在心智中悄悄上演著什麼戲碼呢？

好奇心：解決問題的反面

當你看穿了自己對「改變自己、改變人生」的執著，就能與生命建立深刻而滋養的連結。只要你還在試圖改變什麼，就仍然深陷掙扎的雲層，與那片內在的草原、與生命的直接體驗隔絕。只要你還執著於解決問題，真正持久的幸福就不會出現。有句話這麼說：「你無法用創造問題時的同一種意識來解決它。你必須學會用全新的眼光看待世界。」

好奇心能把你的注意力從心智這座問題工廠中抽離出來，讓你用全新的方式看見當下的經驗。當你不再執著於把事情變得不一樣，而是開始對當下發生的事產生好奇，你將越來越認識內在的說書人，也越能抽離它的故事。如果把你的心智比作一輛八缸引擎的車，那麼沉迷於修正與控制的你，只啟動了一個汽缸；而當你運用好奇心時，就像是全缸運轉，動能十足。

我們這裡討論的好奇心，有一個很貼切的描述方式，就是「聚焦的注意力」。這是什麼意思呢？它就像一道雷射光，用集中而專注的能量，把好奇的療癒力帶進你眼前的經驗。它能幫助你更清楚地看見說書人，好讓你從中抽身，重新回到當下正在發生的事；不是那些關於人生的故事，而是真實的當下。這種注意力來自於誠實覺察此刻你的心智、身體與情緒正經歷著什麼，好讓你在頭腦開始想像之前，就先與當下同在。

當你帶著誠實的好奇心，你就能觀察內在的說書人，而不再被它的故事牽著走。比如，當說書人陷入恐懼的故事時，你可以從「我好害怕」轉向「這是恐懼的故事」。你也可以用好奇心去陪伴情緒的痛苦。你不須壓抑也不必深陷其中，不妨為這份感受命名，例如「像一團眼淚卡在胸口」。你甚至可以用同樣的態度去探索身體的疼痛，而不是急著逃避它。

我們在這裡談的是一種能力：學會與當下的經驗連結，而不是對它做出反應。這也是我特別喜歡「好奇心」這個詞的原因。聚焦的注意力能夠讓你重新看見那份與生俱來的探索本能。這種好奇心並不是為了獲得知識，而是透過直接看見正在發生的事觸及內在的體悟。我稱這種狀態為「覺知」（knowticing），這個詞結合了「察覺」（noticing）與「知曉」（knowing）。

當你開始對生命懷有好奇時，你會發現聚焦的注意力具有轉化的力量。你的注意力就像太陽，能夠照亮與驅散你內在最深層的情緒陰影。

恐懼、絕望、憤怒和羞愧等你所畏懼的內在狀態，其實只是被困住的能量，而你一生都在設法遠離它們。它們就像森林裡的大熊，如果你拔腿就跑，牠便會追著你；但若你勇敢轉身面對牠，除非你正好擋在母熊與小熊之間，大多數情況下牠會自行離去。同樣地，當你不斷逃避那些令你不舒服、難以接受的內在狀態，它們就越是緊追不放，影響你的生活，甚至導致憂鬱與焦慮。當你願意轉身面對，將全部注意力放在它們身上，才能給它們足夠的空間離去。每當你把注意力放在這些狀態上，哪怕只有一瞬間，你便稍稍向生命敞開了一點心門。

剛開始，心智會對這麼做感到害怕，它擔心若真的放下對經驗的控制，改以好奇心去觀察，不是會發生不幸，就是什麼都不會發生，因此它最抗拒的就是如實體驗正在發生的事情。事實上，心智是個擅於否認與分心的逃避機器。它會讓自己忙碌不已、胡思亂想、沉迷於3C產品。它對自我評價成癮，永遠在玩「讓自己變得更好」的遊戲。它還很擅長把自己的感受歸咎於他人，甚至陷入可能毀滅自己的強迫行為，只為了不去面對當下正在發生的事。

然而，只要運用你自身的好奇心，你便能看清心智的運作。你也會發現，最安全的選擇不是逃避，而是如實面對自己的經歷。

> 接下來的幾分鐘，請放下書本，覺察自己的呼吸。當你發現自己又被說書人牽著走時，不妨帶著好奇心，留意它此刻是在講述過去，還是在想像未來？

當你不再忙著修正生命，而是真實地與當下連結，你便開始與生命對齊。就在這個連結裡，掙扎之雲會逐漸消散。當你學會完整地與曾經支配你的恐懼同在，你會越來越容易從中及時抽身，也越能與內在草原的智慧與援助連結。你會重新體會在生命面前真實敞開的喜悅與輕盈，讓生命透過你自然展開，而不是總想著掌控它。

無須感到羞愧

在你學會運用好奇心去轉化心中那片掙扎雲層之前，首先必須明白，你內在的任何一部分都無須感到羞愧。那些整天在你腦中穿梭、煽動你情緒的種種故事，其實全都是你在年幼時從外在環境中學來的。

請記住，曾經有一段時間，你腦海中並沒有任何想法。當你還是個嬰兒，神祕地來到這個世界時，對生命完全沒有概念可言。你是透過感受來體驗生命的，而那時候身邊那些尚未覺察的巨人，也就是你的父母，心中充滿了各種人類情緒：憤怒、悲傷、恐懼、愛、困惑、評判、善意、忌妒與羞愧。就像你是透過聽覺學會語言一樣，你也透過感受學會了潛意識的語言。

年幼的你對生命敞開心扉，能夠真切感受到周遭大人的內在正在發生的事。例如，就算父母在地下室爭吵，而你待在閣樓，雖然聽不見爭執內容，卻仍然能感受到發生在他們身上的事。你或許無法理解那意味著什麼，但你確實經歷了那件事。你從成人身上所吸收的一切，逐漸構築出你對自我與生命的看法，而且這樣的看法在你六歲時就已完全成形。

你能選擇自己在幼年時學的是哪種語言嗎？當然不能。如果你住在日本，你就會學日語；如果你住在法國，你就會學法語。同樣地，如果你像我們許多人一樣，成長在缺乏覺察的家庭中，那你自然就會吸收潛意識的語言。這種語言以恐懼為基礎，由批判黏合起來，其根本則是一種與世界分離、孤立無援的絕望感。

你對生命的看法，是由那些大人的內在世界，以及他們的言行舉止共同塑造而成的。有時他們的行為舉止極為混亂，讓你困惑不已。年幼的你觀察入微，對一切都相當敏感，包括大人們言行不一的時刻。他們會對你大聲吼叫，卻堅稱自己沒有生氣。他們教你要善良，卻在背後說人閒話。他們說愛你，卻在你渴望連結時忽視你甚至羞辱你。

你成長的過程中，內在與外在世界都在不斷發生變化，而你多半只能孤單地試著理解這一切。你和多數孩子一樣，身邊的大人往往無法幫助你與那些當下的體驗同在。於是，越來越多情緒無法順勢流動，反而凝結在體內，使你與生命的流動脫節。在這樣的困惑與疏離中，你退回心智的世界，迷失在說書人不斷想要掌控一切的獨白中。

你腦海中的那些故事，是站在孩童的視角建構出來的。那時候的你只想弄懂這個世界，同時保護自己，但孩子的眼界有限，無法看清真相，往往只是把二加二湊成了二十二。舉例來說，你童年自我的其中一個核心故事，就是把家中一切不愉快的事情都歸咎於自己。因為孩子總是處在以自我為中心的世界裡，當遇到令人不安或恐懼的情境時，他們能做出的唯一假設就是「一定是我不好」。有一項針對離婚家庭中孩童的研究指出，即使大人們再三強調離婚不是孩子的錯，十二歲以下的孩子仍會在心裡默默覺得是自己導致了父母的分離。

童年自我的另一個核心故事，來自「生命是不安全的」這個咒語。對那時的你來說，生命既龐大又可怕，似乎一再傷害你、遺棄你。於是你開始試圖控制這條變幻莫測的生命之河，免得再次感受到那種被淹沒或被遺棄的深層恐懼。隨著時間推移，這種控制的渴望逐漸化為我們稱作「說書人」的內在聲音，那個整天在你腦中喋喋不休的角色，總是想盡辦法「經營生活」，因為只要能找到「正確的活法」，它就不必再去觸碰那隱藏在日常意識之下的恐懼與絕望。而你越是相信說書人就是你的本質，就越與真實的自己和生命本身失去連結。

你要知道，自己並不是孤單的異類。每個人都承接了來自父母的潛意識模式，而他們的父母也一樣，如此代代相傳，一路延續至今。這不只是你的故事，也是你朋友、伴侶、鄰居，甚至所有人的故事。到了今天這個時代，我們每個人都或多或少活在這種狀態所帶來的混亂之中。

為了幫助你理解這件事，請想像當你誕生時，彷彿來到一座巨大的倉庫，裡頭堆滿了分門別類的樂高積木，按照形狀、大小與顏色整齊排列。每一堆積木象徵人類心智的一個面向，比如自我批判、悲傷、快樂、孤單、憤怒、善意、焦慮、活力、懷疑、希望或不信任。你的任務是用這些積木組裝出一艘太空船（你腦中的說書人）。唯一的規則是每一堆你都必須至少取一塊。於是，你的內在就像其他人一樣，擁有各種版本的憤怒、恐懼、悲傷與羞愧，這些都構成了說書人的素材。每個人打造這艘太空船的方式各有不同，有人悲傷多於憤怒，有人恐懼重於哀傷，有人多一點善良，少一點刻薄。但無論是什麼組合，每個人身上都擁有人類心智的所有可能。

大多數人終其一生都待在自己的樂高太空船裡，任它載著自己穿越人生。現在，你被邀請展開一次太空漫步，學著從太空船裡走出來，回頭看看它的樣子，好讓你能漸漸鬆開這些故事的綑綁。我之所以帶領團體與舉辦靜修營，是希望提供一個空間，讓人們能夠真實做自己，並從中發現**無論此刻你經歷的是什麼，他人也曾有過同樣的感受，也許現在有人正與你同樣地痛苦、害怕或困惑。**

所以，真的沒有什麼值得感到羞愧的。是的，你這一生中確實犯過錯，但那些錯誤只是源自心智之雲的失誤，而它們都值得被原諒。請記得，這些雲層背後的核心信念，早在你六歲之前就已經形成。雖然它們會隨時間變化，但根源從未改變。如果你願意放下批判，去看清這些構成雲層的咒語與故事，它們將轉化為你覺醒的燃料。最重要的是，你並不是唯一一個心智紛亂的人。儘管表面看來人人正常，但事實上，每個人內在都有一位說書人，時而神經質，時而敏感，只是大多數人選擇隱而不說。

> 請花一點時間問自己：「此刻，什麼經驗正在浮現？」讓你的感受像拍立得照片逐漸浮現。無論你注意到什麼，請對自己說：「我現在的樣子很好。」接著，觀察一下說書人對這句話有什麼反應。

無須感到害怕

你之所以會被說書人的信念影響，只是因為你不願正視它們。一開始，我們誰都不願這麼做，並且就像孩子以為衣櫃裡有怪物那樣，把自己藏進棉被裡。

當你第一次從抗拒的棉被下爬出來時，也許還忍不住用手摀住雙眼。但當你鼓起勇氣，透過指縫偷看內心的景象，你會發現，或許那些一直讓你害怕的部分，其實根本不是怪物。當你放下雙手好好去觀看，它們不過就像衣櫃角落隨意放置的一堆衣服，既不嚇人也不具威脅。

你一生逃避的那些深層感受其實也是如此，它們只是你被灌輸要害怕的幻覺。我自己在恐懼中成長，那份恐懼影響了我幾十年，但我可以用親身經驗告訴你，當我轉身面對它時，發現它其實並不可怕。

我們從小就被徹底洗腦，以為只要不去看那些令人不適或難以接受的內在部分，它們就會自行消失。但你早已發現事實並非如此。那些被你壓抑的感受仍會潛伏在內心深處，在你未察覺的時候默默影響著你。它們常以一種幽微的不安感浮現，有時也會在最不適合的時刻猛烈湧現，以強烈的能量將你吞沒。於是，你更加深信如果你真的允許自己完整經歷正在發生的感受，那些情緒將如洪水般席捲而來，把你整個人吞沒。然而事實恰恰相反。好奇心是你神聖的護身符，當你以好奇的態度看向正在發生的經驗時，你是在與它相處，而不是被它主宰。你越這麼做，越不會落入那些咒語之中。

過去很長一段時間，你必須否認並壓抑這些感受，因為你還不具備與當下經驗共處的能力，只能迷失其中。但如今你逐漸學會用好奇心來觀察內在，這使你能夠與它們同在，而不是被它們困住。它們需要這樣的陪伴，才能重新轉化為你與生俱來的、自由流動的生命力。

是的，要去面對和擁抱生命所帶來的一切，特別是在艱難的時候，確實需要勇氣。但這正是你重新與生命連結的道路。想要明白直接體驗生命的喜悅，你必須願意去感受當下的經驗，並以慈悲的關注之光照亮它們，這樣一來，那些被困住的感受才能自然地穿越你而去。這是一段偉大的旅程，讓你重新打開內在封閉的部分，好讓你的能量能夠再次自由流動，讓你真正感受到活著的喜悅。當你繼續走在這本書的指引之中，你的生命目標也會逐漸改變，從精心安排生活（只為讓自己感覺良好），轉向全然地體驗生活，無論它帶給你舒適或不適。

不過，這並不只是「感受你所感受的」。多數人在試著這麼做時，會因為認同情緒而迷失其中。這種方式我們早已嘗試過多年，卻很少帶來真正持久的平靜與清明。七〇年代流行的原始吶喊療法就是一個例子，那時人們相信只要大聲喊出憤怒就能釋放情緒，但這個方法成效有限，因此你現在也很少再聽說有人採用。我們討論的是「面對你所感受的」。這些感受確實存在，但你不需要被它們的故事影響，只需要看到它們。

在這過程中，你也會逐漸意識到，想要「感覺良好」這件事，根本像是在追逐彩虹盡頭的金幣。有時你以為自己快要抓到了，它卻總在下一刻溜走。但當你願意放下「生活應該要怎麼樣」的執念，不再陷入故事，而是敞開心接納生命帶來的一切，你將真正開始認識喜悅。滿足欲望或許能帶來片刻快樂，但真正的喜悅是能夠與當下發生的一切同在。

> 你的說書人喜歡這段話嗎？還是不太高興？觀察看看。

身體是你的朋友

把好奇心的力量帶進身體，能夠讓你更貼近當下的真實體驗。大多數時候，我們並沒有安住於自己的身體裡，而是被困在心智之中，把身體當成搬運大腦的工具。然而，身體其實是你生命旅程中一位忠誠的朋友。它蘊藏著智慧，常常比心智更早察覺你正在經歷什麼。身體一直在傳遞它的訊息，只是我們從未被教導該如何傾聽。

現在，讓我們暫停片刻，好好傾聽。

◈

> 請將注意力輕柔地帶到身體上，維持一至兩分鐘，試著找出三種彼此明顯不同的感覺。不要急著完成，保持好奇，它們自然會浮現。你可能會察覺到溫暖、寒冷、刺麻、悸動、痠痛、輕盈、壓力、飽足或飢餓。用你自己的語言為這些感覺命名。若你的注意力又飄到說書人那裡，別急著評斷，只需要看見，然後再次回到身體。當你準備好時，再繼續閱讀。

剛才，你是否稍作停留，試著與身體建立連結？如果沒有，也不必責怪自己。畢竟你已經習慣與身體的智慧和喜悅保持距離。但請誠實地看見自己的抗拒。如果你真的把注意力帶回身體，心智也許會覺得無聊，因為它早已習慣說書人躁動不已的節奏。你可能因此又分心，開始回憶過去或想像未來，又或者才過了幾秒就迫不及待想繼續讀書。但請記得，每一次你回到身體的感受，都是在揮去雲朵，讓那片屬於你存在本質的草原顯現出來。

當你重新回到身體，也就重新回到了你一直渴望的喜悅和生命力中。這是人類所能觸及最深層也最具療癒力的轉化力量。當你持續這麼做，也會更貼近自己，並開始驚訝地發現身體其實一直在說話，它的智慧令人讚嘆。你將更清楚地辨識出哪些感受源自內在故事，並且不再受它們牽制，因為這些故事常常會透過身體的緊繃與壓抑表現出來。

∞

我們至今所探索的，其實正是我所說的「煉金術」。人們總以為煉金術是把鉛變成黃金，但真正的煉金術是將無意識轉化為有意識的覺察。它是學習如何與自己正在經歷的事建立關係，而不被這些經驗牽著走。對當下發生的一切保持好奇心是轉化的起點，也是魔法發生的地方。我的第一位老師曾說：「看見的那一刻，轉化就開始了。」他讓我明白，我們無須修正、改變、擺脫或批判自己的內在故事。你真正需要做的是看見它們，並理解它們其實只是你年幼時接受的咒語，如今透過腦海中的說書人現身，創造出各種身體感覺與內在感受。

當你越是帶著好奇心觀察自己的經驗，就越能看清並鬆動根深柢固的核心咒語：「我與生命是分離的」以及「生命是不安全的」。這將使你開始認出三個日常運作的咒語：「我必須掌控生命」、「我必須做好每件事」以及「我做得不夠好」。接著，你會看見藏得更深的三個咒語：「我沒做好，我有缺陷」、「我不值得被愛」以及「我注定孤單一人」。

你越是理解內在的說書人，那些咒語越能自然地穿越你，然後逐漸淡去。你也會越來越明白，真正在與生命拉扯的，其實只是你的一小部分，而你更大的那部分，始終安然地存在於那片內在草原上，從未離開，此時此地也不例外。

章節重點

- ☑ 想要再次找回全然活著的喜悅，你需要重新認識那些內在掙扎，包括它們背後的咒語，以及說書人受其影響時不斷重複的故事。
- ☑ 否認、抗拒、操控，以及想讓生活變得不一樣，只會讓你陷入更深的掙扎。
- ☑ 心智抗拒生命的方式，就是不斷製造問題，再費盡心力設法解決。解決了一個，它立刻又拋出下一個。
- ☑ 你可以學會把心智轉為探索的工具，用好奇心去接觸生命，而不是試圖控制它。
- ☑ 當你對當下所發生的事保持好奇，而不是急著想要改變它們時，你將越來越能看清內在的雲層，雲層也會漸漸變得稀薄。
- ☑ 你不需要對自己內在的任何部分感到羞愧或害怕。
- ☑ 說書人的咒語之所以對你有影響，是因為你不願意去看見它們。至少在一開始，我們誰都不願意這麼做。
- ☑ 你從小就被教導，只要不去看那些讓你不安或難以接受的部分，它們就會自己消失，但事實並非如此。

- ☑ 我們其實都渴望同一件事：能夠不受說書人的濾鏡干擾，直接而全然地體驗生命。
- ☑ 心智害怕看清一切，於是用盡各種方式讓你分心，阻止你對當下保持好奇。
- ☑ 當你把注意力轉向自己，不需要刻意讓任何事情發生。你所要做的，就是對此刻正在發生的經驗保持好奇。
- ☑ 當你看見那些咒語，也就能慢慢看清它們。你會把注意力帶回當下，重新回到與生命深刻連結的喜悅之中。

憶起練習・第五週

本週的宣言：

此刻，有什麼正在浮現？

你的宣言：

____

憶起時光

學會把注意力輕輕探向內在體驗之河，將會徹底改變你的生命狀態。你將不再只是當下事件的受害者，並開始透過「聚焦的注意力」轉化自己的經驗。但如果你和大多數人一樣，你的注意力肌肉可能早已鬆弛無力。你的注意力長期困在心智裡，整天被一個接一個的念頭牽著走，以至於你已失去對當下發生的事情感到好奇的能力。每一次的「憶起時光」，都是在訓練注意力肌肉，好讓你能重新帶著好奇看向現在。

從呼吸的循環開始強化注意力，接著練習「吹熄蠟燭」，感受深層呼吸的力量，並透過「平靜」與「自在」這兩個詞語來喚起寧靜。然後，你學會觀察說書人，看它是否又在講述過去或未來的故事。

現在，是時候透過身體來更深刻地與自己同在。你將探索身體不同部位的感受，讓注意力與當下的經驗同在。這麼做時，你會驚訝地發現自己平時有多麼遠離身體，也會看到當你的注意力真正投入時，身體裡的緊繃與壓力就會開始鬆動、釋放。

請記住，你不需要刻意讓任何事發生。你也不是在進行冥想練習。你所要做的，就是把注意力帶回身體，單純地感受此刻正在發生的事。我稱這種狀態為「覺知」：用注意力去觀察當下，而不是試圖改變它。在這樣的狀態中，真正的內在體悟就會浮現。

請先閱讀以下指引，再放下書本，開始探索。如果你習慣為練習計時，請在上週的基礎上多加一分鐘，共九分鐘；如果不在意時間，就隨著好奇心的節奏慢慢進行。讓我們現在開始吧：

請閉上眼睛，把注意力輕輕探向內在體驗之河，感受此刻成為「你」是什麼樣的感覺。

在接下來至少三次呼吸中，吸氣時輕輕收緊肌肉；吐氣時，慢慢放鬆全身，並發出象徵釋放的聲音：啊——。

將注意力帶回你的呼吸循環，在心中默念那些安定、聚焦的詞語：「吸……吐……深……緩……平靜……自在。」

現在，將注意力帶向你身體某個引起你注意的部位。也許那是一個充滿能量、感覺舒適的區域，也可能是一個你平時容易緊繃的地方。如果你還沒特別感覺到哪裡在呼喚你，那就將注意力帶到你容易緊張的部位。

不要逃避，溫柔地轉向它，帶著好奇心去感受那個部位正在發生什麼事。那裡其實有很多細微的感受，就像森林裡的生物一樣。如果你靜靜地坐著、保持耐心，它們就會慢慢地浮現。

你可以透過以下這些問題來持續激發好奇心：

- 我在這裡感覺到什麼？
- 這種感覺有多大？
- 這種感覺的本質是什麼（例如，隱隱作痛、抽痛、刺痛）？
- 這種感覺有明確的界線嗎？
- 這種感覺會移動，還是停留在一個地方？
- 這種感覺是保持不變，還是不斷變化？
- 我感受到的是在身體表層，還是更深層的地方？

當你讓注意力停留在某個部位時，許多不同的感受會逐漸浮現。如果你發現注意力又回到說書人身上，就輕輕把它帶回來，回到這個身體部位，繼續對它保持好奇。

接下來，請輕輕地把呼吸帶入這個部位。用你的呼吸從內部觸碰這個緊繃或堵塞的地方，讓這份觸碰如同母親的撫觸般柔和。

依照當下的感受，停留在這段探索中，只要你覺得有意思，無論是三十秒或幾分鐘都可以。不需要強迫自己，只要記得，當你願意將注意力帶到身體真實發生的經驗中時，生命會回饋給你豐盛的禮物。

當你感覺這段探索已經足夠了，請回到呼吸與那些安定、聚焦的詞語上。

最後，將注意力擴展至整個身體。觀察一下，經過這段你給予自己專注與療癒的時光，有沒有什麼不同。

當你準備好了，請慢慢睜開雙眼。

每一天，你都可以用這樣的深度去探索身體的另一個部位。請記住，你的體驗會像拍立得照片般，在你用關注之光照耀下逐漸浮現。當你把注意力停留在某個部位，可能會覺得沒什麼不同。但只要你持續停留，那個部位所有豐富多樣的感覺就會慢慢浮現。在慈悲的關注之下，當那些被束縛的能量準備好了，就會開始流動與釋放。

簡易版

請閉上眼睛，把注意力輕輕探向內在體驗之河，感受此刻成為「你」是什麼樣的感覺。

在接下來至少三次呼吸中，吸氣時輕輕收緊肌肉；吐氣時，慢慢放鬆全身，並發出象徵釋放的聲音：啊——。

將注意力帶回你的呼吸循環，並在心中默念那些安定、聚焦的詞語。

現在，將注意力帶回身體，帶著好奇心去探索某個部位，讓那裡的感覺自然浮現。輕輕地把呼吸帶到這個部位。

當你感覺這段探索已經足夠了，請回到呼吸的循環與那些安定、聚焦的詞語上。

最後，擴展你的覺察，帶著好奇心，感受在你給予自己專注與療癒的時光後，有沒有什麼不同。

當你準備好了，請慢慢睜開雙眼。

第6章

直觸生命

在過去幾章中，我們訓練了注意力肌肉，邀請你對呼吸、說書人的聲音還有自己的身體保持好奇。現在，是時候把這份逐漸甦醒的好奇心帶入你每天的生活了。這是整個練習最令人著迷的地方。你不再把生命看成一連串隨機事件，開始相信生命會把你帶到某些處境中，就是為了喚起那些咒語，讓你有機會看見它們如何運作。當你單純地「看見它們」的那一刻，它們對你的控制便會開始瓦解。

我喜歡這樣說：

生命的安排，

為的是讓被壓抑的浮現，

讓它舒展開來，
讓它自由離開，
讓你不再閃避，
而是如實活在生命裡。

生命始終站在你這邊。你也可以這樣理解：阻礙即是通往療癒的道路。每個讓你感到緊縮的經驗，都是生命精心安排的場景，目的是喚起那些被壓抑、被綁住的內在狀態，好讓它們在你的好奇心照耀下逐漸鬆開。當它們鬆開，就能自然穿越而過，不再滯留體內，擾亂你的人生。你釋放得越多，雲層就越稀薄，你也會更敞開地與生命同在。

只是，你早已習慣抗拒眼前的體驗，而不是信任並真心接受生命的安排。你總是在和自己的經驗拔河，導致你無法看見腳下那片一直都在的草原。不再抗拒意味著鬆開手中的繩索，讓好奇心的療癒力得以照進正在發生的一切。

儘管說書人充滿誘惑，甚至看似強大，但你擁有更強大的能力：看見它並從它的故事中及時抽身。你需要留意其中有個核心故事：只有改變自己的內在或外在環境，才能獲得你渴望已久的平靜與安穩。然而，事實恰恰相反：你無須改變任何事。你只需要認出這些掙扎的故事，看見它們不過是從你年幼時就開始相信並迷失其中的敘事。

想想你曾經解決過的某個人生難題。還記得那種如釋重負、重新充滿能量的輕鬆感嗎？那種壓在心頭、沉重得像百斤巨石的感受，其實就是說書人的聲音。它不斷製造問題，又在自己設下的掙扎裡打轉。但你可以透過好奇心，在那些故事還在上演的當下及時看清並從中抽身。不論你正在經歷什麼，只要你鬆開對說書人故事的認同，就能再次回到那片始終存與你同在的幸福草原。

> 請深吸一口氣，並在吐氣時輕聲吐出「啊——」的聲音，
> 讓身心也跟著鬆開。

轉向自己

要學會真正回應生命帶給你的一切，一個有幫助的方法是練習當個「緊繃偵探」。每當你認同前面提過的咒語，身

體、心靈與心智就會變得緊繃，阻礙原本自在流動的生命力。緊繃是一種訊號，提醒你對自己正在經歷的狀態產生好奇。每當你察覺到身體變得緊繃，就表示你正處於某種抗拒，而這正是你該提高覺察的時刻。與其迷失在腦海中的故事，不如轉向當下經驗，承認那些故事的存在，讓它們得以鬆動。

假設你還沒完成某項工作，老闆因此對你表達不滿。過去的你可能會立刻陷入內心的小劇場，覺得「我真的太笨了」，或咒罵「他根本是個爛老闆」。你可能像受驚嚇的小鹿般僵住不動，也可能當場與他爭辯，甚至全盤接受那些批評，接著毫不留情地責怪自己。這些反應都會讓被觸發的情緒卡在體內無法流動。但這次不一樣了。老闆離開後，你意識到自己的肩頸和胃部緊繃。這一次，你不再把自己當成受害者，也沒有靠分散注意力來逃避，而是選擇敞開好奇心。我稱這樣的轉變為「轉向自己」，就像開車時迴轉那樣，你將注意力從外界轉回內在，開始探索這段經驗在你心中喚起了什麼。

面對不舒服的情境時，大多數人會把精力花在反應、指責、修正或逃避。從長遠來看，這些方式從未真正帶來療癒。當你明白讓你受苦的不是發生的事情本身，而是你認同說書人為其編造的故事，會是你覺醒路上的一大躍進。許多人能夠在經歷過巨大苦難後重新站起來，正是因為他們選擇了「轉向自己」，他們察覺到內在變得緊繃，卻沒有陷入受害者的故事當中，而是如實地面對生命帶來的每個經驗。

一位好友曾分享她如何運用「轉向自己」來面對生活中的小小不悅。有一次，她和丈夫爆發激烈爭執，當下她陷入了咒語當中，感覺自己是受害者，也浮現了想要反擊的衝動。但這些反應喚醒了她的好奇心。

於是她暫時離開現場，走進另一個房間，靜靜坐下來，看著說書人大肆編故事：一下子列出她該離婚的種種理由，一下子又害怕丈夫會離開她。她沒有被這些故事牽著走，只是靜靜觀察，任它們翻騰，直到逐漸平息。當那些故事散去，她和丈夫也得以好好地溝通。

能夠像她那樣在那麼深的層次上鬆開執著，的確需要時間，而這正是「轉向自己」的力量。它會將你的注意力帶回自己，特別是在你察覺到自己開始緊繃的時候，好讓你能認出那些故事，以及它們引發的身體感覺與內在感受。當你看見內心正在發生什麼事，才有可能給予那些部分需要的關注，並讓它們得以鬆開。可以肯定的是，只要你感到緊繃，就表示某種咒語已經被啟動，正等待著你的關注。每一次你把注意力轉向自己當下的經驗，掙扎之雲就會變薄，你也會更容易重新連結到那片內在草原。

> 把注意力輕輕探向內在體驗之河，去留意你察覺到什麼。
> 這一刻至關重要。

身體的智慧

上一章我們花了一些時間探索身體，因為身體是生命的導航系統。只要你願意傾聽，它會清楚地告訴你內在正在發生什麼事。每一個內在故事以及隨之引發的感受，都會以特定的身體反應表現出來。往往在你的心智還沒察覺之前，身體就已經先發出訊號，提醒你正在對某件事產生反應。你可能會察覺到自己心跳加速、喉嚨卡著一團東西，或者上腹彷彿被用力打了一拳，整個緊縮在一起。你也可能會察覺到頸部抽痛、胸口像壓著重物，或腹部出現一種空洞的感覺。

這些身體反應都是某次特定遭遇中被喚起的故事與感受的具象顯現。身體裡每一種緊繃模式，都是說書人施下某個咒語的表現。頸部的抽痛，可能在表達「我沒把事情做好」。胃部緊縮的感覺，也許來自你內心深處的恐懼，擔心自己不知道該怎麼做才對。腹部的空洞感，可能是你對被拒絕的恐懼，以及那份害怕孤單的感受。這些自你年幼時就存在的故事與感受，會一再出現在生活裡，因為它們渴望被你接納，並從你的關注中得到療癒。你的身體感覺，還有那些在背後推動它們的念頭與感受，其實都渴望被你聽見，就像你也渴望被理解一樣。

> 請將注意力集中到你的臉上，問問自己：「我怎麼知道自己有一張臉？」換句話說，現在你的臉有哪些感受？刺痛？搔癢？輕微頭痛？壓力？試著找出三種不同的感受，當你覺得已經足夠了，再繼續閱讀這本書。

在這短短的片刻裡，你被邀請去感受身體實際正在經歷的感受，不是關於身體的想法，而是它此刻真實、鮮活的經驗。當然，剛開始你可能會抗拒去感受自己的臉，因為你內在的說書人並不習慣帶著好奇心看待當下。

以我的經驗為例，當我察覺內在的說書人又再次掌控了我，對身體正在發生的事缺乏好奇時，我會對它說：「我知道你想繼續掌控，但真正的精彩，就在當下的經驗裡啊！」我的心智終於明白，只要把全部的注意力帶到當下的真實體驗上，尤其是那些我過去一直抗拒的部分，就像打開了一扇門，也同時開啟了能量釋放的可能性。每當我提醒內在的說書人，真正的美好就藏在這裡，它通常就會放手，我也能再次全然地與當下同在。

腹部是身體裡最有力量的回饋系統之一。當你陷入說書人的故事時，腹部就會收緊；而當你回到那片內在的草原，它自然會放鬆。如果你稍加留意，會發現腹部的緊縮正是在提醒你又開始相信腦海中的故事了，而放鬆腹部，就是在溫柔地提醒說書人它可以放手了。

請將注意力集中到腹部。你的腹部是否柔軟而敞開？如果感覺緊繃，在下一次吸氣時收緊肌肉，然後緩慢地在吐氣時放鬆。

如果你想培養傾聽身體的意願，好讓它帶你看見困住你的各種故事，不妨在每天早上起床之前，留意一下身體的狀態。如果你誠實地問自己此刻正在感受什麼，就會發現每天身體的感覺其實都不太一樣。某天你的肩膀可能冰冰的，或腳底熱熱的。你的背部有時痠痛，有時又沒感覺。你可能覺得精神飽滿，也可能還想睡；也許肚子餓，也許不餓；可能感到平靜，也可能有些煩躁；有時安心，有時焦慮。每一次你真切地感受當下的身體，都是在滋養自己的好奇心。

提升好奇心

培養對自己當下真實感受的好奇心確實需要時間。一開始你或許只能在情緒沒那麼強烈的情境，例如憶起時光中，對自己的反應保持這樣的好奇心。你也可以在看電視、看電影、搭公車、排隊或打電話時練習轉向內在，好奇說書人正在說些什麼，又帶來哪些身體感覺和內在感受。

在較具挑戰性的情境中，你可能要等到自己被觸發之後，才有辦法帶著好奇心去面對。這可能是在幾個小時後，也可能是幾個月以後。如果是在事件發生不久後重新回到那段經歷，連鎖反應往往還在進行，你可以將注意力聚焦那些仍在體內流動的感受中。即使是過了數天、數週，甚至數月，你也仍然能透過想像回到那個當下，與當時浮現出來的內在經驗同在。你越常這麼做，就越能在困境發生後，甚至正發生的當下，喚起自己的好奇心。這就是自由。

如果想在日常生活中培養好奇心，可以這麼問自己：「此刻，我的內在說書人正在說些什麼？」一開始你可能什麼都察覺不到，畢竟像多數人一樣，我們的大半人生都活在說書人的世界裡。你可能會發現，這感覺就像請一個人描述他從未見過的東西一樣，既陌生又不知該從何說起。但還是繼續問下去吧。這樣的好奇心會打開一扇門，讓你走出說書人的屋子，不再只是活在它的故事裡，而是學會與它對話，也懂得與它保持一點距離。

如果「此刻，我的內在說書人正在說些什麼？」沒辦法引起你的共鳴，試試其他能讓你「轉向自己」的提問：

- 此刻，我的身體有哪些部位很緊繃？
- 此刻，我能察覺到哪些經驗？
- 此刻，有什麼正停留在這裡？
- 此刻，有什麼事情正在發生？

請記得，這些問題不是為了用心智找答案，也不是要排除或改變什麼，而是為了喚醒你的好奇心，讓注意力真正與當下同在。這就是轉化的起點。當你察覺到某個身體感覺、內在感受或故事時，不妨為它命名。這也是你在第四週的憶起時光中所做的事。當你發現念頭飄向過去或未來時，便輕聲說出「過去」或「未來」。

最基本的命名是「故事」。隨著你越來越能看見當下發生的事，你將逐漸學會更具體地辨認出恐懼、悲傷、盤算、恍神、煩躁、無聊……有時你可能會覺得困惑，那也沒關係。因為困惑本身就是當下的經驗，你可以輕聲說出「困惑」。

當你為某個經驗命名時，你就不再被它困住，也不再抗拒它，而是開始與它建立關係。這就是自由的時刻，而每一個自由的時刻都彌足珍貴。對多數人來說，活在說書人的故事裡就像身處一座風洞，許多關於你人生故事的拼圖（各種咒語）在洞裡紛飛，有時你可能還覺得飄浮其中很有趣，但下一秒某片拼圖就可能砸中你的眼睛，痛得不得了，又或者一股風將你整個人猛然地吹向風洞的另一側，一點也不好受。你不需要一直待在那個風洞裡。透過好奇心，你可以先走出來，再學著把手伸回洞裡，一片片地把拼圖拿出來。

為經驗命名，就好像把拼圖從風洞中拿出來，放到你面前的桌子上好好觀察。也許你現在還看不出每片拼圖該放在哪裡，但隨著你的好奇心逐漸加深，這些拼圖會一片片拼湊起來。你將逐漸看見說書人的全貌，也會明白它是如何靠著這些咒語構築出充滿掙扎的世界。在這份清晰的狀態中，無論你察覺到什麼樣的慣性模式，它們都不再那麼容易把你拉回說書人的風洞。

當你開始學習直接體驗當下的經驗時，抗拒也是這個過程的一部分。事實上，抗拒正是你那片掙扎雲層的核心。你大半人生都在抗拒自己的經驗。你的心智也許會想反駁這一點，但如果你仔細觀察就會發現，你往往想要的是「不同於此刻」的經驗，而不是它真正的樣子。

抗拒的本質，是想盡可能遠離當下的經驗，這是因為說書人總想藉著不去直視它來維持掌控感。不需要責備自己，也不需要和它對抗。你和每個人一樣，很早就學會了唯一一種面對痛苦的方法：繃緊身體，憋住呼吸，轉開目光。這讓你習慣性地退回心智裡，不自覺地抗拒所有讓你困惑、不舒服或害怕的經驗，而這正是讓你迷失在咒語中的原因。

你不需要迷失在抗拒之中，也不必對抗自己的抗拒，你可以選擇去感受它的存在。就像所有的感受一樣，抗拒背後也有它的故事以及情緒成分，而且會在身體裡留下它獨有的印記。無論你是怎麼注意到它的，先承認它的存在。然後，你可以問它：「你正在守護什麼？」如果有什麼浮現出來，那就太好了；如果沒有，那也沒關係，就繼續過你的生活吧。這樣的提問會啟動某種內在過程，當你準備好時，生命自然會給你答案。

> 請先暫停片刻，問問自己：「此刻，我的說書人正在說些什麼？」把你觀察到的東西命名出來。如果你不確定，就輕聲說「故事」，然後繼續閱讀。

不適

對生命保持全然地覺察，意味著你要願意活在每個當下，無論順境或逆境、喜悅或悲傷。事實上，敞開迎接生命也意味著會經歷痛苦。摔斷腿、得流感、撞到腳趾，這些都會令你感到疼痛。你所愛的人終有一天會離開你，或者你會先離開他們。

如果你和多數人一樣，總是樂於活在順境中，但只要碰上一點點不順，就很難保持好奇心，那也可以理解。但你得明白，當你抗拒痛苦時，痛苦就會變成折磨。事實上，正是在令你不適的時刻，你最容易遠離自己，陷入掙扎的世界。也可以說，你往往在最需要自己的時候，卻選擇了拋下自己。

要體驗將注意力帶回當下所帶來的轉化力量，你需要改變自己與不適的關係。在面對不適時，當你不再習慣性地緊繃起來，接納生命就會變得輕鬆許多。緊縮只會讓你陷入更深的掙扎，但如果你願意對生理、心理或情緒的不適保持柔軟，那些感受就能更快地離你而去。

生活中有太多事情會引起不適：生病、塞車、被拒絕、煩躁、經濟壓力、背痛、焦慮、對大腿太粗感到不安、失落、羞愧……你每天不是在經歷不適，就是在想辦法逃避它。

我們身上背負著太多痛苦。首先，我們的身體經常承受程度不等的不適感。當你開始觀察自己的身體時，你會驚訝地發現，原來自己一整天都處在緊繃狀態。

我的姪女裘迪・斯坦尼斯洛（Jody Stanislaw）是一位自然療法醫師，她曾在著作《飢餓：一場尋找內心平靜的冒險》（*Hunger: An Adventurous Journey of Finding Peace Within*）中寫下她參加十日靜默冥想營時對自身慢性緊繃的體悟。在第八天的早晨冥想時，她本來應該做全身掃描練習，結果身體卻開始不由自主地動了起來。一部分的她想強迫自己停下來，回到原本的冥想練習，但她選擇順勢而為，去感受身體想怎麼動、要往哪裡動。她說，那感覺就像肌肉自己在鬆開打結的地方。冥想結束後，她嘗試將雙手反扣在背後再往上舉，這是她從來做不到的動作，連一點點都抬不起來，而這一次，她竟然能將雙手抬高至與身體呈九十度。

裘迪寫道：「我很驚訝，居然要超過一週的靜心與冥想，肌肉才真正放鬆下來，我也因此意識到自己一直活在緊繃當中。那一刻，我的背部前所未有地柔軟、放鬆。我也開始發現，我們不只是身體僵硬，就連內心也經常處在緊縮狀態。我回想起自己每次抗拒現實或陷入自憐的時候，都是在無形之中讓身體更加緊張，就像往自己的心靈背包裡又多塞了一顆石頭。」

說書人也讓我們的心智與情緒變得緊繃，比如焦慮感像背景噪音不斷在腦中低語：「我這樣做對嗎？他們會喜歡我嗎？我看起來還行嗎？要是說錯話怎麼辦？」還有那種始終覺得自己不值得被愛，甚至對自己封閉心門所帶來的情緒傷痛。最後，你迷失在概念的世界裡，頭腦不停地思考，漸漸與真實的自己失去連結。

當你開始探索自己的內在世界，很快就會發現那些讓你緊繃的事物，其實都會讓你不太舒服，也難怪你總是想逃避。而說書人的工作就是幫你管理這些不適感，好讓你不必真的去面對它們。但只要仔細觀察就會發現，每當你試圖逃避，都只是讓自己陷得更深。於是，你像帶著發低燒的狀態過日子，不停地掙扎，抗拒真正能帶來療癒的「高燒」，也就是全然經歷當下的感受。當你開始明白，發燒本身是一種清理與排毒，過後人反而會覺得輕鬆、清爽，你與不適的關係也會開始轉變。它不再是你要對抗的敵人，而是值得你停下腳步，好好陪伴、細細探索的對象。當你越來越願意這麼做，你會發現不適其實只是被卡住的能量，它們需要你真正的關注與陪伴，才能得到釋放。

我幾乎一生都在逃避肚子裡那團令人作嘔的緊縮感。我試著用食物吞掉它，用酒精稀釋它，用藥物麻痺它，但它始終沒有離開，反而默默地影響著我許多選擇與行動。當我第一次帶著好奇去面對這團「噁心的感受」時，就像是在濃霧中探索。但慢慢地，我開始真正接觸到它，也發現它一點都不可怕。不僅如此，當我將注意力聚焦在那裡，這股緊縮的能量竟然漸漸鬆開了，而我長年想藉由逃避這種感受來獲得的平靜，竟然就藏在它的深處。

請再次將注意力帶回到腹部。如果感覺緊繃，表示你正在抗拒某些事情。試著讓腹部慢慢放鬆，邀請自己全然體驗當下。

隱藏在不適中的寶藏

退一步觀察生命的展開，你會發現它是由光明與黑暗這兩股對立力量交織而成，而黑暗一直背負惡名。我們就像熱追蹤飛彈，總是不斷尋找舒適與快樂，並竭盡所能地逃避任何形式的不適。但這樣的努力真的曾為你帶來渴望已久的平靜嗎？若你願意誠實以對，答案大多會是：也許偶爾有過，但從未真正長久。

如果一切正好相反呢？如果你夢寐以求的生命寶藏，正藏在你最想逃避的不適之中呢？這個主題貫穿幾乎所有歷久不衰的神話故事。無論是公主、聖杯或金罐，每位英雄總得踏入那片自己最不願靠近的幽暗之地，才能得到寶藏。

事實上，不適並非你以為的那個無底黑洞，這點早已顯現在家喻戶曉的陰陽符號中：光與暗交織而生，黑中藏白，白中亦有黑。每個人內在都是光明與黑暗的融合體。那些不再受困於掙扎之人，便是學會將自己與不適的關係從抗拒轉向好奇與接納。

你是否能想像，在人生中那些令人不適的挑戰裡，其實總藏著通往光明的大門？換句話說，這些挑戰不是因為你做錯了什麼，也不是別人犯了錯，更不是命運之神怠忽職守。這些不適正是為了你而來，是你覺醒旅程上的燃料。每當你願意擁抱不舒服的經驗，一扇內在之門便隨之敞開。

我們在這裡談論的，其實也正是十三世紀波斯詩人魯米（Rumi）在〈賓客之屋〉（*The Guest House*）中所傳達的主題。這首詩收錄於柯爾曼・巴克斯（Coleman Barks）所編譯的《魯米詩篇：在春天走進果園》（*The Essential Rumi*）一書中。魯米說，每天都會出現各式各樣的感受，關鍵不在於抗拒它們，而是：

熱情款待所有賓客吧！
即使是一群悲傷的使者，
猛然掃空你的屋子，將家具盡數捲走，

依然要以禮相待。

也許那正是在替你清出空間，迎接新的喜悅。

懷著感激迎接所有賓客，

因為每一位都是從遠方來的嚮導。

這首打動了無數人的詩，講述從抗拒走向接納的煉金術，展現出向經驗敞開心胸所帶來的力量。魯米道出了心智的核心真理：對你的不適心懷感激，「因為每一位都是從遠方來的嚮導」。換句話說，你的種種不適並非因為你做錯了什麼才會發生。它們之所以來到你面前，是為了引領你穿越掙扎之雲，回到你的內在草原。

人生困境帶來的最終寶藏是：我們內心最深處的黑暗，能夠透過覺察之光得到釋放。覺察是一種能力，能讓你如實地看見當下並與之同在。所以，你的黑暗並非錯誤，而是生命以這樣的形式來到你面前，目的是要讓你看見，對當下保持好奇心的力量，遠勝於無意識地修正、改變、批評、擺脫或戰勝它。療癒不是要停止掙扎的遊戲，而是要深入地探索它。

改變你和不適的關係

所以，不適往往不如表面看來那麼可怕。當你敞開自己去感受它，會發現一件驚人的事：其實你一直都安然無恙。真正困擾你的是心智想像出來的雲朵。它們並不堅實，只是暫時飄過你內在那片遼闊草原，而你是那份能夠看見正在發生什麼事的覺察。你越能看見當下發生的事，就越容易產生好奇心。當你越對當下感到好奇，雲朵也會逐漸變得稀薄。

重要的是放慢腳步。可以從脖子輕微的痠痛或雙手的冰冷開始。你長久以來都在抗拒不適，以至於一遇到它，本能的反應就是害怕。所以，重要的是透過那些日常中沒有太多情節的微小不適，來培養你對它的好奇心。隨著好奇心不斷發展，你會更能與深層的絕望、灼熱的痛楚，甚至那種渾身不對勁的狀態同在，而不再急著逃避或迷失其中。

同時也請記得，你年幼時是靠麻痺自己最深層的感受來撐過那些日子。你的說書人也被訓練去相信，如果再次敞開心扉去面對那些感受，就會有壞事發生。很多人曾經對我說，如果他們真的去面對悲傷，就會哭到停不下來。那只是我們過去的恐懼在說話。如果你單純地去感受悲傷，確實可能會迷失其中，但如果學會與悲傷同在，學會去「面對」它，而不只是「感受」它，你就不會迷失，療癒也會發生。

當你察覺自己變得緊繃時，試著微笑一下，這會非常有幫助。越來越多科學研究顯示，微笑的確能改變大腦中的神經迴路，尤其當你讓微笑擴展到全身時效果更為顯著。微笑的時候，你的許多反應會自然鬆開。

此外，將呼吸帶入那份緊繃也很有幫助。你從小就學會了透過繃緊腹部、憋住呼吸來壓抑自己的感受；而現在，當你願意將呼吸帶入一段經驗中，你就能對它敞開，而不是緊縮起來。所有的緊縮只會讓那些被卡住的能量持續滯留在體內，然而沒有任何事情值得你封閉。所以，請深吸一口氣。我在另一本著作《強迫行為蘊藏的禮物》（*The Gift of Our Compulsions*）中，寫過一整章關於如何運用呼吸來敞開被封閉的部分。（如果你手上沒有那本書，歡迎透過本書折口提供的官方網站與我聯繫，我可以把那一章寄給你。）

放下與人生中的困難以及不適對抗吧，那樣只會讓你困在無休止的掙扎裡。學習去探索這些困難，理解那些不適其實是在為你指出說書人渴望被看見的部分，而當這些部分被照見、逐漸淡化後，你將能重新回到內在的幸福草原。你可以學會如何珍視人生中的艱難時刻。當情緒被觸發時，試著轉向自己，傾聽那些正在浮現的訊息。當你願意給予這些反應接納和關注，它們便會逐漸轉化。

阻礙你的即是道路。你經歷的一切，都是通往更寬廣內在空間的大門。因此，與其抗拒不適，不如學著敞開自己，去體會當下感受到的一切，你不需要改變它，只要如實觀察它就好。對當下的經驗保持好奇，能讓過往的感受更快地穿越你而過，並引領你回到那片屬於你本然狀態的草原。

試著想像，當你不再抗拒不適，那會是多麼純粹的喜悅。即使身處人生中最艱難的時刻，你的反應也只是短短一瞬，好奇心便隨之而來，使你在經歷當下的一切時，心中浮現出寬廣的空間。對我而言，除了再次向生命敞開所帶來的喜悅之外，另一種我最深的喜悅，是當那些曾令我緊縮的狀態再次出現時，我不再害怕，反而轉身迎向它，細細觀察其中的變化。在那一刻，我得以與它連結，而不是被它駕馭。這麼做會化解我們年幼時無意間接受的咒語。

❖

> 請把注意力帶到身體某個感到緊繃的部位，讓你的好奇心在那裡停留一會兒，看看會發生什麼。不必試圖改變什麼，只要給予接納和關注，讓它以自己的節奏和方式慢慢敞開。

五個偉大的老師

在你人生的旅途中，有五位最重要的導師：強迫、疾病、痛苦、金錢與關係，它們會以各種形式現身，引領你面對那些內在最渴望被關注與療癒的部分。它們都是你轉向自己、練習保持好奇心的契機，而不是你必須修正、改變或擺脫的問題。

強迫

第一位導師，是我們每個人都可能經歷的「強迫傾向」。這種傾向經常以具體的行為表現出來，例如暴食、酗酒、過度工作、滑手機、用藥麻痺自己，或讓自己忙到沒時間呼吸。每當你想藉由這些行為來逃避內在感受，往往是某個接近意識表層的信念或咒語等著你以關注之光去照亮。與其將這些反應視為該被解決的問題，不如把它們視為一位嚮導，引領你去認識那些被壓抑、渴望釋放的部分。如果你能在這些強迫反應升起時，帶著寬容、開放與好奇的態度去感受其背後真正想傳達的訊息，就有可能鬆動那些部分。

我自己就是這樣從對食物的強迫傾向中解脫出來的。多年來，我的體重不斷上下波動，某一年甚至在短時間內暴增四十多公斤。後來我發現，越是試圖壓抑進食的衝動，反而越容易被它控制。直到我停止一味控制，開始帶著好奇心去觀察每次想透過進食逃避時，內在到底發生了什麼事，才終於走出那場永無止境的控制遊戲。而在那場遊戲裡，最後往往是強迫行為控制了我，而不是我與它們共處。

當你願意回頭看自己究竟在逃避什麼，並學會以關注之光照亮它，強迫傾向就會開始鬆動。你會發現自己開始照顧那些從前只能靠麻痺與逃避來掩蓋的需求與感受。

疾病

身體的每一種不平衡都是它發出的訊號，提醒你有些地方需要你的關注。然而，我們大多從未被教導去聆聽病痛。你可能不曾學會為自己的經驗負責，也就是培養回應的能力，反而被引導去透過藥物與手術消除身體的不適。當這些方式無法真正奏效時，我們時常像多數人一樣，轉而靠食物、酒精、香菸或其他方式來麻痺自己，試圖讓不適消失。

藥物與手術當然有其必要性，但身體多數的不平衡，其實源自我們試圖抗拒當下的經驗。舉例來說，有時我們為了暫時麻痺內心的感受而喝下過量的酒，但隔天醒來，剩下的往往是強烈的自我批判、一顆劇痛的頭，以及一個難以負荷的肝臟。然後，我們又開始逃避這一層新的不適。這場無止境的對抗，只會讓我們的身心更加失衡。

當我們開始學習對生病時的經驗保有一份好奇心，疾病反而會成為通往深度療癒的大門。當我們願意敞開心扉，信任生命正在引導我們以不同的方式回到自己，那些失衡也會逐漸平復。

痛苦

第三位導師是你所經歷的各種疼痛與不適。你曾被教導當感受到身體或情緒的痛楚時，應該壓抑或封閉自己。而長年累積下來的壓抑與緊繃，可能會在身體裡轉化為頸部痠痛、背部痙攣或胃酸過多。如果你願意花點時間，帶著好奇去探索那些疼痛的部位，關注之光便能大幅舒緩它們。

我二十三歲那年經歷了一場正面撞擊的車禍。此後多年，我常常感到下背部劇烈疼痛。我試過各種醫療方式來減輕痛楚，雖然這些方式確實重要，但我花了更久才明白，只要我抗拒疼痛，它就會加劇。相反地，當我將關注之光帶到疼痛上，用溫柔和慈悲去探索，它便會平靜下來。

疼痛就像生命的黃色螢光筆，會標出那些你從小便開始接受並長期緊抓不放的模式，而這些模式多半圍繞著某個深藏的咒語而生。比方說，那始終無法舒緩的頸部痠痛，或許正是在傳達一種「我不夠好」的咒語；時而出現的胃部緊縮，則可能來自你害怕自己沒把人生過好的焦慮。

當你明白身體裡許多導致疼痛的緊縮，其實是那些咒語在發聲，疼痛就能成為一種提醒，甚至會比你的頭腦更早通知你又落入了某個咒語。而與其被它牽著走，不如回過頭來，好好探索它所帶來的訊息。

金錢

你如何面對金錢，往往反映出你內心深處的恐懼與質疑，擔心生命是否真的會支撐你，也懷疑自己是否能擁有足夠的資源活下去。金錢焦慮常常成為說書人加油添醋、強化咒語的絕佳機會。面對金錢，恐懼很容易讓我們陷入「永遠不夠」的故事。這樣的恐懼會驅使你長期過度工作，只為確保自己擁有「足夠多」。有些人會囤積、操控、賭博、說謊，甚至偷竊，只為安撫那個根深柢固的信念。而當這些控制與操弄無效時，說書人便會開始誇大渲染，說服你某些可怕的事即將發生。「永遠不夠」是一個強大的信念，它同時也是一個邀請，要你借鏡魯米的忠告，把恐懼與焦慮視為來訪的賓客。它們的來訪，是為了帶來覺察的禮物，提醒你有個比你更廣大、更有智慧的力量正在掌舵。

關係

最有力量的心智導師，往往就是我們身邊的人：朋友、家人、伴侶、同事、熟人。從更深的角度來看，他們都是你「覺醒劇場」中的角色，總會在最合適的時刻現身，喚起你內心深處渴望被看見與釋放的部分。那些讓你感到最困擾的人，其實正是在邀請你轉向自己，去和自己的反應同在。

當你越有意識地看見自己，就越容易發現當別人的言行觸碰到你內在某個咒語時所引發的強烈反應，尤其當對方說的或做的正是你內心深處不願承認的那一面。你越抗拒被喚醒的部分，反應就會越劇烈，也越容易陷入責備、控制與防衛的泥淖之中。不過，如果你能對這些被觸發的感受產生好奇，就能更快從各種反應中抽身。

我曾輔導過一位叫邦妮的女性。她的上司性格急躁，總是語氣生硬，讓她感到非常害怕。於是她不斷批評對方，也批評自己，陷入反覆掙扎，不知道該不該辭職。我聽完她的經驗後，邀請她試著換個角度去看事情。或許這位上司正是她覺醒劇場中的角色，而她可以藉由這段關係，看見並釋放內心深處的咒語。

一開始，她的反應強烈到只能察覺到自己的緊繃。但這就是甦醒的時刻，因為她已經不再完全被情緒牽著走，而是開始與自己的經驗建立連結。當她逐漸對自己的經歷產生好奇，她的身體也開始引導她去看見與上司互動在她內心所引起的反應。

她發現，每當與上司接觸，甚至只是想到他時，胃就會打結。當她將注意力帶到這個結上，靜靜聆聽其中的訊息，她看見了極深的恐懼：自己現在不夠好，將來也永遠不夠好。而當她以慈悲的關注面對這份恐懼，胃部的緊縮開始鬆開，她也能更快地回到自己的中心。

這樣的轉變為邦妮帶來莫大的力量，她不但選擇留下來，也開始將這位上司當作一面鏡子，幫助她照見自己內在需要關注的緊縮與反應模式。最奇妙的是，當她越來越能從反應中抽身，並以慈悲心與自己同在時，她竟然發現這位上司也變得和善許多。這再次印證了一個深刻的真理：**當我們療癒了內在世界，外在世界的模樣也會隨之改變**。

學會轉向自己，是你開始為自身經驗負起責任的重要一步。你會開始明白，自己在面對強迫、疾病、痛苦、金錢與關係時所經歷的一切，其實只是內心飄浮的雲朵，來自你過去無意間接受的咒語。

過去，當你被生活經驗觸發時，常會陷入受害者的模式。而當你越能轉向內在，對心中升起的反應保持好奇，你的反應就會越來越少，並且越來越快過去，讓你再次回到內在開闊的空間。

> 請你在心中喚起一個當下正困擾著你的生命課題。試著敞開自己，接受這個挑戰是為你而來的可能性。向生命提問：「在這個挑戰中，藏著什麼樣的寶藏？」讓這個提問慢慢發揮它的魔法。

好奇心和日常生活

在前兩個章節中，我們一起探索了「聚焦的注意力」的驚人力量，以及它如何幫助你看見心智之雲，進而穿越它們，重新看見那片內在草原。我希望你已經體會到無知並不是福，逃避只會讓你繼續深陷掙扎，遠離全然活著的喜悅。

我想邀請你不要把「培養好奇心」當作生活中的另一項

工作，那只會讓你落入舊有思維模式，持續想著該怎麼「正確經營人生」。與其如此，不如每天早上醒來時，懷抱著純粹的好奇心，誠實地體驗當下發生的一切，每天給自己一段「憶起時光」。現在正是你為內在世界負起責任的時刻，不再迷失於反應、責備、羞愧、抗拒與恐懼之中。你可以選擇對內在的緊繃產生好奇，也可以選擇繼續試圖逃避它。

為了在日常生活中培養好奇心，不妨將我們之前討論過的提問寫下來，放在你每天經常會看到的地方，例如錢包裡、車子的儀表板上、浴室鏡子前，或者螢幕附近。當你在等紅燈、吃早餐，或坐在電腦前時，不妨停下來問問自己這些問題。每次將注意力帶回當下的體驗，都是在滋養你的好奇心。當你察覺某段經歷讓你感到緊繃時，就能開始真實地回應這些提問。久而久之，無論生活中發生什麼事，你都能夠喚起好奇心。

你越願意邀請自己保持好奇，就越不會抗拒眼前的經驗。你將不再畏懼生命可能帶來的挑戰，因為你明白它們是為你而來，讓你有機會看見內在尚待療癒的部分。那時的你將活在探索的狀態中，敞開地迎向每一場生命的冒險。

是的，這確實需要很大的勇氣。不過，請記得，勇氣的英語「courage」來自古法語，意思是「出自內心的」。是的，我們從小就被訓練不去真實感受自己正在經歷的事。但是我想問你：你願意讓被壓抑的痛苦繼續困在心中嗎？佩瑪・丘卓也曾在著作《轉逆境為喜悅》(*The Places That Scare You*)中提出這樣的問題：「我想選擇成長並真實地面對人生，還是活在恐懼中直到終老？」

轉化不會在一夜之間發生。我們正在走一段終其一生的旅程。但還有什麼比回歸自己、成為真正的自己，並將這份完整的存在交還給生命，更值得我們去做的事呢？每一次你願意轉向自己的經驗，而不是逃避或陷入其中，就是一次穿越掙扎之雲的契機，讓你能夠更真實地活著。

當你逐漸打開對自己的好奇心，也許會發現有些事情並不容易放下。在接下來的章節，我們將一起探索如何傾聽。那些構成你內在掙扎的深層故事，正在等待一顆接納的心。當它們被真正地聽見與接納，真正的轉化就會發生。

章節重點

- ☑ 生命的安排，正是為了喚起被壓抑的感受，讓它們有機會鬆動，進而獲得釋放，而你也能真正活出生命。
- ☑ 真正的釋放，不在於讓生命變得如你所願，而是學會全然活在當下的生命裡。
- ☑ 每當你認同那些構成掙扎之雲的咒語或故事，你的身體、心靈和心智就會緊縮，讓本來流動的生命力變得黯淡遲滯。
- ☑ 成為「緊縮偵探」。與其對自己的情緒起伏感到懊惱，不如帶著好奇去觀察。
- ☑ 多數人在被觸發時，會反射性地責怪他人、急著解決或逃避，但這些反應從未帶來療癒。「轉向自己」的練習，是讓注意力回到自己身上，去察覺那些渴望得到關注與釋放的故事、內在感受與身體感覺。
- ☑ 你所經歷的每一種感受，都會以獨特的方式顯現在身體上。通常在你還沒意識到時，身體早已做出了反應。
- ☑ 問問自己：「我真的想讓這些反應掌控我的人生嗎？」

- ☑ 在學習直接經歷當下的過程中，抗拒往往如影隨形。這不難理解，畢竟你早已習慣對當下的經驗說「不」。
- ☑ 若你能在不適之中放下緊縮的習慣，掙扎之雲便會自然穿越你，而非將你困住。
- ☑ 不適的出現，並不是因為哪裡出錯了，而是在引導你穿越掙扎之雲，回到那片屬於你本然狀態的內在草原。
- ☑ 停止與困難及不適對抗，學習溫柔地探索它們。請記得，不適其實是通往內在深處的大門。
- ☑ 問問自己：「我想選擇成長並真實地面對人生，還是活在恐懼中直到終老？」

憶起練習 · 第六週

本週宣言：

此刻，我的內心正在訴說著什麼故事？

你的宣言：

憶起時光

我們一直在訓練你的注意力肌肉。首先，我們練習將注意力帶回呼吸，並以此為基礎，對說書人（過去和未來）正在做的事情保持好奇。接下來，我邀請你把注意力帶入身體這套「內在導航系統」，它會透過緊繃來提醒你正在與掙扎之雲對抗。這一週，我們要練習以慈悲的好奇心迎接正在經歷的事物，好讓它有被釋放的空間。

我們將在你原有的呼吸練習口訣中，加入：「如其所是……我在這裡」。這組詞語會同時邀請你的注意力和你的心與當下發生的經驗同在。

你可以隨著呼吸節奏，在心中默念：「吸……吐……深……緩……平靜……自在……如其所是……我在這裡。」或者，也可以單獨練習這組新的口訣。

在吸氣時默念「如其所是」，這提醒你願意讓自己在這一刻就如其所是，不必掙扎，不必調整，正如你現在的樣子。這句話會幫助你放下與現狀對抗的舊有慣性，讓你進入療癒空間，而這份療癒正來自於允許自己如實地存在。當你敞開來感受「如其所是」的深度時，腹部會自然放鬆，心智也會開始好奇地探索此刻內在究竟發生了什麼。

在吐氣時默念「我在這裡」，則提醒你與生命此刻所呈現的一切同在。這是一種細緻的注意力，也是一份內在的敞開，讓你看見那些渴望被理解、被看見的部分。別忘了，注意力具有療癒的力量。那些總是讓你遠離呼吸循環的部分，其實就像孩子一樣，只需要有人陪在身邊，它們就會慢慢鬆開。想像一下，當你感到受傷時，有人輕輕地對你說：「我在這裡，跟你在一起。說說看吧。」你便能體會到「我在這裡」所蘊含的深層療癒。

這句話旨在提醒你，你的內心本來就擁有療癒的力量。當你隨著呼吸節奏默念它們，會幫助你超越那份「努力成為應該成為的人」的掙扎，轉而全然擁抱此刻的自己。當你這麼做，就能從那個唯一真正重要的來源，也就是你自己，獲得慈悲與關注的滋養。當你放下抗拒，溫柔地對待甚至歡迎當下的經驗，被壓抑的能量會在適當的時機自然展開並釋放。

請先閱讀以下指引，再放下書本，開始探索。如果你習慣為練習計時，請在上週的基礎上多加一分鐘，共十分鐘；如果不在意時間，就隨著好奇心的節奏慢慢進行。讓我們現在開始吧：

請閉上眼睛，把注意力輕輕探向內在體驗之河，感受此刻成為「你」是什麼樣的感覺。

在接下來至少三次呼吸中，吸氣時輕輕收緊肌肉；吐氣時，慢慢放鬆全身，並發出象徵釋放的聲音：啊——。

將注意力帶回你的呼吸循環，在心中默念那些安定、聚焦的詞語：「吸……吐……深……緩……平靜……自在。」

現在，請在吸氣時加上「如其所是」，在吐氣時加上「我在這裡」。你也可以選擇只重複：「如其所是……我在這裡。」允許自己去感受這些詞語所指向的是怎樣的自我關係。

當你注意到某個故事、身體感覺或內在感受將注意力帶走時，讓「如其所是……我在這裡」提醒你對當下的經驗敞開。盡可能地以歡迎的姿態，接納任何正在浮現的事物，然後再度回到呼吸，讓這些安定、聚焦的詞語提醒你以專注且寬廣的方式與自己同在。

依照當下的感受，停留在這段探索中，只要你覺得有意思，讓呼吸與這些詞語成為你的錨，觀察那些試圖抓住你注意力的事物，並以接納的態度去關注它們。

當你覺得這段探索已經足夠了，請回到呼吸的循環。

最後，經過這段你給予自己全然關注的時光，擴展你的覺察，並對你的體驗保持好奇。

當你準備好了，請慢慢睜開雙眼。

簡易版

請閉上眼睛，把注意力輕輕探向內在體驗之河，感受此刻成為「你」是什麼樣的感覺。

在接下來至少三次呼吸中，吸氣時輕輕收緊肌肉；吐氣時，慢慢放鬆全身，並發出象徵釋放的聲音：啊——。

將注意力帶回你的呼吸循環，在心中默念那些安定、聚焦的詞語：「吸……吐……深……緩……平靜……自在……如其所是……我在這裡。」（也可以只重複：「如其所是……我在這裡。」）

當你發現某個故事、身體感覺或內在感受抓住你的注意力，讓你離開了呼吸循環，就讓「如其所是……我在這裡」提醒你以敞開、寬廣的姿態與它同在，然後再度將注意力帶回呼吸與安定、聚焦的詞語上。

最後，經過這段你給予自己全然關注的時光，擴展你的覺察，並對你的體驗保持好奇。

當你準備好了，請慢慢睜開雙眼。

第 7 章

接納一切

在前兩章中，我們練習了如何運用注意力能對當下的經驗產生好奇心。透過好奇心，你可以學會從許多咒語中抽身，讓它們自然穿過你。但當你越深入地將注意力轉向內在，就會發現有些部分依然緊抓著不放，即使你試著看見它們，它們依舊抗拒鬆手。這時，光是如此還不夠，你還需要由衷地傾聽。

我們常常害怕這麼做，因為我們所聽見的往往令人不安又困惑。然而，若要真正敞開心扉迎向生命，我們也得對內在正在發生的一切保持敞開。你的內在住著一大群角色：驕傲、絕望、自以為是、無助、批判、優越感、憤恨、怨懟……它們都是你不願讓他人知道的。你不需要為這些角色感到羞愧，因為每個人都一樣。當它們在你帶著好奇心的光照之下仍不肯離去，那就表示它們需要被傾聽。當它們真正被聽見時，也就不能再左右你了。

你的心可以靠近它們，傾聽它們眼中的世界，從而讓它們不再受困於你的抗拒之中。我所說的「心」，是指你胸腔中那個對生命敞開的能量中心。心智的運作往往是二元對立，大多數時候被喜惡、渴望與抗拒所牽引，而你胸中的這股能量，則是擁抱當下的情感，它選擇包容而非排斥，接納而非拒絕，信任而非恐懼。它將你內在的所有部分，以及你生命歷程中的所有片段，都重新編織成完整而真實的存在。

小時候，你的心原本是敞開的。你是用心去感受生命，而不是用頭腦去分析生命。當時的你不需要控制什麼，也不需要抗拒什麼，你看見的生命充滿魔力、驚奇與冒險。但隨著年紀漸長，你不得不關上這顆心。那些生命中的人與事曾讓你受傷、挫敗，使得敞開的內心變得不再安全。於是你退回頭腦之中，把那份純真與心的療癒力量深埋心底。長期封閉這股心的力量，也讓生命中大多數的喜悅隨之消逝。不管你是否察覺，你內在最深層的渴望，其實是想再次對生命敞開。而唯有重新發現，或者說重新揭開這顆心，你才可能走向這份開放。

現在，我們來體驗看看，讓頭腦主導的生活方式，和讓內心引導的生活方式，兩者有什麼不同。

想像你面前坐著一個你深愛的對象，可能是人，也可能是動物，可能仍在人世，也可能已離開。回想你向這個對象敞開心扉的時刻，讓你的整個存在都去感受那份經驗。如果你仔細觀察，會發現胸口的能量正在變化，它會擴展、敞開，甚至閃耀出光芒。如果你持續停留在這份感受中，會親身經歷整個身體逐漸發光。

接下來，回想當你面對摯愛，內心受到觸動或不安而有所反應的時刻。你會發現，光是回想那個片刻，就足以讓胸口原本的敞開慢慢收縮，身體隨之緊縮，頭腦也變得緊繃而敏感。這正是當你的心再次封閉時會發生的情況。

封閉且敏感的狀態，與敞開並充滿愛的狀態相比，哪一種更讓你感覺自在？當然是後者，因為那是你真正的本質：一顆敞開的心。這份敞開來自你的胸口，它是一扇門，引領你回到那片始終與你同在的草原。當它不再被恐懼與掙扎的雲層遮蔽，就會重新煥發出蓬勃的生命力，帶領你踏實地走好生命旅程中的每一步。

最奇妙的是，你腦海中的說書人其實正是在教你重新學會讓內心來引導你的生活。它帶著恐懼、評判、抗拒、懷疑、混亂、羞愧，以及對掌控的執著。你生命中每一件讓你緊繃的事，都是在向你內心的療癒能量發出請求。那些構成你內在掙扎之雲的咒語，唯有透過你的慈悲與關注，才能全然地轉化。試圖解決問題的是你的心智，但是能真正化解它們的是你的內心。

請記住，你準備迎接的那份自由，並不來自改變任何事，而是來自你願意看見並停留在當下的能力。當你被心智困住時，會忍不住想要修正、改變，甚至逃離當下的經驗。而當你的內心重新敞開，你會發現不再抗拒眼前的經驗本身就是一種療癒。這樣的發現會引領你觸及非凡的療癒能量，也就是「接納一切」。這份接納正是抗拒的反面。當你抗拒，反而會強化你所抗拒的對象；但當你敞開自己，歡迎此時此刻的經驗，尤其是那些你曾經封閉的經驗，那些咒語就不能再主導你了。

❖

> 請帶著微笑，輕輕拍打胸口，喚醒內在的能量中心。

用心對待自己

有時候，你或許能夠包容親近的朋友與摯愛，卻不太習慣將這份美好的包容留給自己。你可能早已習慣糾正、批評、忽略、否認，或試圖理解正在經歷的一切，這些其實是最巧妙的誘惑，使你不斷困在心智之中。

當你真正停下來，傾聽自己當下的任何經驗，你會發現心裡其實住著一個群體，裡面有許多從童年以來就存在的內在角色（榮格是最早指出「每個人都由多重部分構成」的其中一位心理學家）。若你願意誠實地面對自己，就會發現有許多部分早已被你拒於心門之外。

你曾被教導去相信，只要忽略那些不討喜的內在部分，它們就會自行消失。於是你讓自己變得非常忙碌，沒完沒了地看電視、吃東西、喝酒、購物、滑手機，試圖將它們壓抑在心底。令人震驚的是，當你忽略它們時，它們反而會在你的日常意識之下，悄悄地影響你的言行。這就像是讓幾個年幼的孩子悄悄掌控你的人生。（想一想你上次與人爭吵時的一舉一動，就會明白這些部分究竟有多麼稚嫩。）

每個自我都必須回到你的內心，你才能真正觸及一直渴望的生命力。那些深藏的恐懼、憤怒、自我批評與絕望，從你年幼時就一直伴隨著你。它們和你一樣，都渴望被看見、被接納、被理解、被愛，唯有如此，它們才能真正鬆開。

為什麼對自己經歷的一切保持好奇與接納，會比設法改變它更有力量？因為接納本身就是療癒的能量。在療癒旅程中，你將遇見一個深刻的悖論：真正的轉化，只有在接納與傾聽的氛圍中，才有可能發生。當你以接納的態度關注正在經歷的一切，那些原本被困住的能量，便會開始擴展、流動，最終鬆開。

試著想像你今天過得不太好，當你向朋友傾訴時，對方卻不是傾聽你，而是急著糾正你、批判你或乾脆忽略你。那會帶來什麼感受？多半不會太好。現在再想像這位朋友真誠地聽你說話，不糾正也不批判，而是用心包容你。在這樣的傾聽中，你很可能會感到輕盈許多，因為你可以如實感受自己經歷的一切。

我輔導過的一位年輕學員克麗絲塔，就曾經用這樣的方式學會傾聽自己：

我和男友一起到市區和幾位朋友碰面。幾個小時後，我開始感到飢餓，想回家煮晚餐。但我感覺他還不想離開，於是猶豫了一下，問他要不要跟我一起回家吃飯，還是想再多待一會兒。他說他想再待一下，不過會開車送我回家。

我們走向車子的時候，我腦海中開始響起那些再熟悉不過的聲音：我不夠有趣，我到底哪裡出了問題，我根本不配擁有他。我胃部打結，喉嚨卡卡的，心也開始悶悶的。這些感覺太熟悉了，甚至帶來虛幻的安全感與撫慰，彷彿是某個早已在內心深處施下的咒語。

回家的路上，我開始察覺到某種轉變正在發生。我不只意識到，並且還看見，我是那個正在觀看這段故事展開的人，而不是故事本身。我能感覺這個故事死死抓住不放，好像它的存在完全仰賴這份緊抓不放的力氣。

這時我想起那週曾讀過一段話，談的是當咒語升起時，轉換視角會帶來力量。我開始對腦中的聲音和體內強烈的能量說謝謝，不再抗拒，而是對它們微笑，感謝它們願意浮現。隨著視角轉換，我感覺自己的心開始打開與釋懷。我在心中對自己說：「我讓心保持敞開，讓一切穿越我敞開的心。」

那種轉變令人難以置信。我的身體慢慢放鬆，腦海也安靜下來。接下來的路上，我們談笑著，分享彼此深刻的愛意。這是一次深刻的領悟。當我敞開內心接納這段經驗，我終於看清它的本質：一個渴望被療癒的咒語，一個需要我的關注、值得被關懷與善待的咒語，也是一個引領我走向內在的愛與療癒力量的咒語。

> 請花幾分鐘，讓呼吸流經你的心。隨著每一次吸氣與吐氣，在心中默念：「如其所是，我在當下。」如實地與自己同在。

萬物渴望一顆心

為什麼你從未真正用心對待自己？因為從小以來，你被父母、老師、同儕和整個社會教導去相信：你原本的樣子不夠好，需要被修正。而「修正」這件事，其實只是你腦海中的說書人玩弄的把戲，它源於你被訓練去評斷、去害怕自己內在感受的習慣。請記住，內在沒有任何東西是需要感到羞愧或恐懼的。那些讓你否定自己的信念，其實只是你被灌輸的，當你終於停下腳步去看見它們時，會發現它們就像雲朵一樣。說實話，我們每個人心裡其實都「有點古怪」，那些你因恐懼與羞愧而深埋起來的部分，其實大家都有。

你不需要把自己視為一個必須「修正」缺陷的人，更不需要因此淪為生命的受害者。你真正需要的是一顆懂得覺察的心。要真正觸及內在的力量，我們需要明白，內在創傷其實是生命的禮物，目的是教你學會以接納的態度去關注一切。你的內在創傷不是因為父母搞砸，也不是因為上天怠忽職守。這一切不是誰的錯，無須責怪任何人。父母、老師、手足和朋友只是創傷經驗的傳遞者，而這些創傷出現在你的生命中，目的是教你敞開心扉。

與其把那些被你視為「不可接受」的內在部分當作人生的負擔，不如把那些從小就植入你心中的咒語視為通往草原的道路。它們是你覺醒之路的原料。當你抗拒它們時，掙扎的雲層只會更加濃密；當你把它們帶回內心，雲層便會逐漸散去，生命的喜悅與活力也會浮現。畢竟，真正能療癒一切的，只有愛。生命會為你安排最適合的情境，讓那些渴望被你的心所接納的部分顯現出來。

在我其中一個輔導小組中，有位叫辛西亞的女性，她的男友在分手前就已經有了新對象。分手一個月後，男友告訴她，自己驗出 HIV 陽性。她在得知消息幾小時後來到小組聚會，離她去做檢測只剩幾小時。那一次的聚會難以言喻的深刻，每個人都敞開自己，接納內心所浮現的一切，並用心擁抱它們。當天下午，辛西亞第一次的檢驗結果是陰性，但她還需要再完成兩次後續檢測。在這段等待過程中，她寄出了一封信給整個小組，信中寫道：

我想再次表達自己有多麼感激你們的愛，也感謝你們為我守住這麼珍貴的空間，讓我得以在生命分崩離析的時刻重生。我仍然驚訝於自己竟能這麼完整地出現在這段歷程裡，也驚訝於透過對這段經驗的敞開，我心中浮現那麼多感受與喜悅。我現在完全明白瑪麗說的那句話：「我內在的每一個部分，都值得被我以愛關注；這世上沒有任何事物，值得我將心封閉起來。」

這並不代表我沒有經歷過悲傷、哀慟、憤怒與恐懼。這些情緒確實來過，但當我願意放鬆並給它們存在的空間，它們總是很快就會過去。昨天晚上，抗拒升起了。我沒有將它排除在心門之外，而是從晚上十點到凌晨三點與它共處，讓它在我的內心裡待著。

在那段時間裡，我腦中浮現了一幅畫面：我穿著全套護甲，坐在一艘橡皮艇上，沿著洶湧激流前進，四周是突出而險峻的岩石。我拚命想避開那些岩石，卻怎麼也避不掉。水流終究將橡皮艇掀翻，我彷彿陷入一場無法取勝的戰鬥。那並不是一段愉快的經驗。但當我敞開心扉，允許每一份經驗如其所是，我彷彿變成了另一種模樣的自己，穿著泳裝躺在同一艘橡皮艇中，沐浴在陽光之下，享受著水流的起伏轉彎，感受到這條河正安全地載我前行。

只是一點點視角的轉變，就能帶來如此明顯的不同。從「抗拒」轉為「我在正確的位置」、「生命在支持我」、「我被這條河承載著前進」、「我可以放下並相信會沒事的」。我想分享這段經驗，是因為我曾以為自己連比較微小的困難都無法面對。但現在我很肯定，即使面臨感染風險和隨之而來的種種挑戰，我仍然可以用心接受和愛這一切。我相信你們也做得到，所以不論你們面臨什麼挑戰，我都為你們守住一個得以重生的空間。

你是否曾想過，所有令你痛苦的感受，其實只是尚未釋放的能量正在渴望被愛滋養？如果你真的明白，被困住的能量只要被接納就能鬆動，你的生活會因此有所不同嗎？多數時候，我們只是想讓那些內在咒語以及它們所帶來的種種不適趕快消失。然而，這些感受真正渴望的是你的心。它們會一次次浮現，直到你能以接納的態度去關注它們，讓它們獲得真正的療癒。

請暫停片刻，將一隻手輕輕放在胸口，感受心跳的節奏與呼吸的起伏。你是否願意讓自己完整地存在於此時此地？你是否願意對自己展露一個微笑？

我看見你了

現在你已經準備好，要用接納的態度去關注內在的咒語，讓它們得以鬆開。不過在此之前，請記得我們在書中反覆強調的兩個核心觀念。

首先，無論是生理、心理還是情緒上的痛苦，幾乎都會因為抗拒而加劇，甚至會將原本的痛苦變成真正的苦難。令人欣喜的是，當你不再抗拒當下的經驗，而是用心去觸碰它，它不僅會變得比較容易承受，往往也能更快穿越你而去。

第二，那些你深信不疑的咒語，並不是真實的你。它們只是被制約的狀態，把你與那片內在草原隔絕開來。不過，它們是可以被看見，也可以被看穿的。事實上，這些咒語並不專屬於你，而是屬於所有人。每個人都曾接受過類似的咒語。有時你會再次被某個咒語困住，而就在那個當下，如果你能意識到還有許多人也正在經歷相似的情況，會為你帶來一絲寬慰。

這兩個真相將幫助你培養轉向自身經驗的能力。隨著你開始這麼做，你會逐漸看見，那些咒語時常化作由故事構成的雲朵，在腦海中緩緩升起，並在身體裡引發各種感受。

以憤怒為例，它可能會在你的胃部形成一股緊縮的壓力。如果仔細觀察，你會發現造成這股緊縮的故事，也許是「他們做錯了」，或是「我要讓他們付出代價」。這同時也伴隨著情緒成分，而憤怒的情緒與其他感受又各自不同。不管你是透過察覺身體的反應、辨識腦中的聲音，還是單純感受到情緒，每一次的覺知都是改變發生的時刻。

有一種簡單卻深刻的方式，可以讓你以接納的態度關注當下，那就是對你覺知到的一切說：「我看見你了。」這句話能觸動「轉向自己」的療癒力量，讓你的注意力靠近眼前的經驗，也讓緊繃在你的覺知中慢慢鬆開。有時你可能會發現，對某些深藏內心已久的感受來說，「我看見你了」這句話會掀起一陣波瀾。它們雖然渴望被看見，卻又害怕從暗處現身。如果是這樣，你可以對它們說：「我知道你在這裡。」

每一次說出「我看見你了」，都是一次覺察的行動。隨著你的好奇心逐漸發展，你將能夠懷著慈悲的好奇心，以接納的態度去關注生活中正在發生的每一件事。接著你會開始明白，那些舊有的反應其實只是渴望被釋放，它們只想流過你的心，而非把你困在它們的故事裡。

慣性反應的拉力非常強大，我和一位朋友的經歷印證了這一點。我注意到我們之間的聯繫幾乎總是由我主動發起，後來他甚至連回都不回。有一次我終於聯絡上他，問他過得如何，他說一切都好，只是很忙。我向他分享了自己在他未回覆時所感受到的情緒，他表示理解，但之後依然沒有任何回應。最後，我決定不再主動聯繫。然而，每當我想起他，心中總會浮現兩種情緒，一種是憤怒，覺得「是他不對」；另一種是自我批評，覺得「是不是我做錯了什麼」，而這其實只是把怒氣轉向自己罷了。

那股怒氣確實很有吸引力，很容易讓我陷在其中不願放手。但當下我有足夠的覺知，知道這是一個機會，可以與內在尚未釋放的能量共處。所以每當怒氣升起時，我會把注意力帶回身體，觀察它出現的位置，對它說：「我看見你了。」

當我這樣對待憤怒，它開始慢慢退去，轉而顯現出沉在我的腹部、更深層的悲傷。我看得很清楚，那份悲傷非常年幼，連結著我童年最核心的經驗。十二歲以前我和父親一起生活，但因為我不是他渴望的兒子，他幾乎完全忽視我。我也看見自己這一生多麼努力地想逃避那股「我不重要」的感受，而這份感覺早已像冰一樣，凍結在我的腹部深處。如今，我終於開始重視這份感受，並且給予它需要的認同，讓它慢慢得以釋放。

> 你的腹部現在有什麼感覺呢？

透過這段友誼，生命給了我一個機會，讓我回頭面對那份早已深埋腹中的絕望。與其繼續陷在憤怒的故事裡，我選擇轉向自身感受，以接納的態度去關注它，對它說：「我看見你了。」於是它開始鬆動，慢慢融化。（別忘了，它只是渴望被釋放的冰封能量。）當我不再用抗拒將它困住，它便能自由流動，穿越我的全身。這就是關注所帶來的力量。

在面對憤怒的過程中，我意識到「不被重視」這個根深柢固的感受對我造成的影響。它在我與生命之間築起一道高牆。過去，每當這種感受被觸發，我經常陷入無聲的憤怒，然後悄悄關上心門，將人拒於門外。現在我已不再害怕這種感受，也更能與它共處。這使我更能接納他人真實的模樣，也更能全然向生命敞開自己。當我感覺被忽視或拒絕，我會轉向內在，看清這個念頭在我心裡引起了什麼漣漪，而不是將感受投射在他人身上。如今，每當舊有的感受浮現，我反而會心懷感激，因為我能再次給予它需要的關注，讓它自然地流過我。

我們內心深處的所有感受，其實都只是被咒語困住、停留在身體裡的能量，而所有能量都渴望流動與自由。當你發現自己又陷入慣性反應時，不妨散散步、洗個澡或與人傾訴，這些或許能暫時幫助能量流動。不過，這些只是暫時的舒緩，真正能讓它們徹底釋放的，是以接納的態度去關注它們。

一步步轉向自己

在覺醒的旅程中，你需要明白，其實並沒有什麼所謂的

「平凡時刻」。生命中的每一刻，不是在邀請你全然敞開與當下連結，就是在安排情境讓被壓抑的能量浮現，並得到釋放與自由。

剛開始，你或許只能察覺到自己感到掙扎。這時你可以對自己說：「我注意到自己變得緊繃，某個部分正在呼喚我的關注。」這句話看似簡單，卻是覺醒的開始。你也可以向始終於你同在的智慧「臨在」發問：「此刻，有什麼正在渴望被我看見？」我們在第四章談過，提問但不尋求答案具有強大的力量。這樣的提問就像對生命發出訊號，表明你願意看見平時不易察覺的東西。

想要轉向自己並給予困住的能量所需的關注，確實需要勇氣。你可以問問自己：「我真的想讓這個感受主導我的人生嗎？」人生其實非常短暫，我敢保證，在生命的盡頭，你不會為那些被反應牽動而陷入憤怒、恐懼、悲傷或羞愧的時刻感到驕傲。你會感激自己學會鬆開那些能量，讓你得以重新連結內在草原，也就是你與生俱來的安然狀態。

花一點時間，把注意力輕輕探向你的身體，感受它的流動。無論你留意到什麼，或許是輕微頭痛、腹中的安適感、腹部緊縮，或是腳底的溫熱，讓你的注意力靜靜停留，好奇地感受能量如何流動。然後，對你察覺到的一切說：「我看見你了。」

真正的傾聽

我們已經探討過，許多咒語只要被看見，就會自然地流過你。它們只是你在年幼時受到的制約。現在我們來看看該如何與那些深植內在、光是被看見仍不足以化解的咒語相處。它們不只需要被看見，還渴望被傾聽。當你全神貫注、感同身受地傾聽時，這些伴你一生、深深影響你的咒語終將逐漸釋放。你也會再次回到那片象徵你內在本質、始終與你同在的草原。

作家吉寧．羅斯（Geneen Roth）精闢地點出一個真理：「我們大多數的痛苦，其實來自於抗拒已經存在的事物，尤其是自己的感受。任何一種感受都渴望被歡迎、被觸碰、被允許存在。它們渴望被關注，也渴望被溫柔對待。如果你能像對待自己的狗、貓或孩子那樣去愛你的感受，你會覺得自己每天都活在天堂裡。」

我在一次脊椎治療時的經歷，恰好道出了這個真相。想要理解當時觸動我的那些深層咒語，你需要知道我的說書人有很大一部分源自「我不重要」的咒語，也就是我的需求不被重視，甚至連開口表達的權利都沒有。童年時期，我長時間和姐姐同住一個房間，她的生存方式就是爭第一，她總認為我不如她，我是個麻煩，並處處讓我知道她樣樣勝過我。在缺乏接納與肯定的環境裡，我的內在形成極深的咒語，其中幾個就在那次治療時被喚醒了。

那天早上，我因為前幾天腸胃不適，身體還有些虛弱，但還是得去一趟脊椎治療。我通常會預留三十分鐘的時間，但整個療程往往只需要十分鐘左右。那天我等了二十分鐘後，一位剛報到的新病人坐到了我旁邊的候診區。再過五分鐘，他就被叫進診間。我詢問櫃檯為什麼他能先看診，對方說她會去查詢狀況，但過了好一陣子才回來，對我說是他們搞錯了。我回應自己等了半小時，而且後面還有緊湊的行程，她卻說她也無能為力。

我坐下來，內心立刻湧現出強烈的怒意，那是源自「我必須掌控生活」這個咒語的反應。生活沒有按照我想要的方式發展，於是說書人開始感到憤怒。當某個咒語被觸發時，就像我當天的經驗，我們的反應往往與眼前的情境顯得不成比例，但如果從我們早年被壓抑的感受來看，這些反應卻極為貼切。那些被凍結的感受一旦被激起，往往會以童年時的方式重現，所以我們才會對一些微不足道的小事反應強烈。

我情緒翻騰，心跳加快，胃部緊縮，腦中開始浮現一連串孩子氣的念頭：「這不公平」、「應該輪到我了」、「我要向他們上司告狀」、「他們做錯了，一定要讓他們知道」、「我乾脆直接走人，讓他們好看」。這種情境正是「我必須掌控生活」這個咒語的強力燃料，我幾乎整個人都想順著這些反應走。站在「我是對的」的立場，從某個層面來說確實令人感覺良好，而我的心智也很想證明我受到了委屈（這是「我必須把事情做對」這個衍生咒語的一部分）。但我仍保有足夠的覺知，知道如果繼續助長這些念頭，只會讓痛苦加深，並錯失療癒童年傷痕的機會。與其堅持「我是對的」，我更渴望獲得自由。

所以我做的第一件事，是深深吸氣，再緩緩吐出一口釋放的氣息。然後我承認自己又被困住了。這一步聽起來微不足道，其實非常關鍵。多數人在咒語被喚起時會直接陷入其中，順著它的劇本起舞，結果讓痛苦層層疊加。我看見自己變得多麼緊繃，也因此察覺到我又落入了咒語中，而這讓我能稍微拉開距離，從經驗中退一步。

接著我向生命尋求指引。我知道每個挑戰中都藏著屬於我的拼圖，而我不需要靠自己拼湊它。我可以將它交還給生命，交還給始終與我同在、遠遠大過我的智慧。我問：「此刻，有什麼正在渴望被我看見與回應？」

然後，我轉向自己，把注意力帶回到內在的感受。我先回到身體，察覺到胃部像打結一樣緊縮，怒氣像熱爐般從那裡輻射出來。我對它說：「我看見你了。」但這股反應太強烈，光是給予關注仍無法讓它消散，它還需要我展現出接納的態度。因此我接著說：「沒關係，你可以在這裡。」

我知道，內在的每一份感受都有它自己的視角，就像現實中情緒低落的人一樣，也渴望被傾聽。所以我問：「告訴我，你的世界是什麼樣子？」然後靜靜聽它述說。它怒吼、責怪、辯解，堅持自己是受害者。我沒有批評或忽視它，而是讓它知道我與它同在，而且我理解它。

接著我對它說，若任由憤怒爆發，只會激起更多反應。我也提醒它，自己曾在許多時刻學會從反應中抽身，用更清明的方式回應，而那些經驗總是帶來真正的療癒。

當我用接納的態度去關注，憤怒慢慢安靜下來，鬆開了緊抓不放的手。這時我才看見，憤怒其實是在保護內在更深層的脆弱，那就是「我不重要」的信念，這是「我不值得被愛」這個咒語的一部分。我也問那份脆弱：「你的世界是什麼樣子？」於是它開口說話，話語中充滿悲傷，也夾帶另一個信念：「事情之所以會發生，是因為我不好」，這是「我有錯」這個咒語的延伸。

僅僅因為一位較晚來的病人比我先看診，就讓我感到悲傷，這聽起來或許很不合理。但別忘了，我們對生活中不安經驗的反應，往往並非針對眼前事件，而是來自早年接受的咒語。它們等待了一輩子，只為獲得療癒所需的關注。「我不重要」正是我早年形成的核心信念。於是我選擇傾聽，不批評或壓抑它。

我接著對它說：「你不再孤單了。我已經長大了，我能以你渴望的方式陪伴你。我就在這裡。這件事不是因為你不好，而是為了讓你浮現到我的意識裡，好讓我以真心接納你。」這份深層的悲傷感覺自己被聽見了。就在那一刻，我真正開始重視那份「我不重要」的感覺，整個身體也隨之洋溢出喜悅。

最後，憤怒因此完全消散，而悲傷雖已平靜，卻還有一絲停留在我心裡，陪伴著我一整天，也讓我有更多機會與它同在，對它說：「我看見你了，我在這裡。」

> 請暫停片刻，將注意力轉向自己。無論是冰冷的雙腳、喜悅的心情或焦慮的念頭，對你察覺到的一切說：「我看見你了，我在這裡。」

一開始，我的心是封閉的，對櫃檯人員封閉，也對自己封閉。但當我轉向自己的經驗，讓關注之光照進來，我的內在開始鬆動，心也慢慢敞開。我能感受到那些浮現的感受有多麼稚嫩，憤怒的部分努力想保護自己，脆弱的部分則深深覺得自己不重要。我也看見，這兩種感受其實渴望的是同一件事。它們不希望被批評、被修正或被忽視，它們只是想被看見、被聽見，並被允許存在。當它們真的感受到這份傾聽和陪伴，就會開始鬆開，然後慢慢離去。

那次的看診經驗，是我逃避了大半人生之後，第一次學會面對「我不重要」這個深層信念的時刻。年幼時，這份感受所帶來的痛苦過於強烈，我只能將它壓抑起來，好讓自己得以生存。但它從未真正離開，反而不斷在我不自知的情況下影響我，使我陷入各種強迫行為，只為逃離這份被遺忘卻始終存在的痛楚。

我花了許多年才走上這條從反射性思維轉向傾聽與接納的道路。起初我還不明白，把注意力帶回當下經驗的那一瞬間有多大的力量，所以感覺似乎沒什麼改變。但隨著我越來越願意誠實面對自己的經驗，我開始在一個又一個片刻中，看見並傾聽那些曾令我害怕或排斥的內在部分。當別人說了什麼讓我情緒起伏的話語時，我學會對自己的反應感到好奇，而不再急著辯護或指責對方。

後來，我也學會了看見情緒在身體中的呈現方式。喉嚨的緊縮也許只是冰山一角，底下藏著尚未釋放的悲傷；胃部那團緊縮的悶感，可能是一生壓抑的怒氣所留下的痕跡。一開始，我只能在短暫的幾秒內察覺身體的變化，隨後就會被想逃避的衝動牽著走，或者誤以為那個感覺已經消退了。但正是在這些時刻，我學會對內在說「我看見你了，我想更了解你」，而不強求事情發生任何變化。

我內心那些根深柢固的信念，也慢慢鼓起勇氣向我現身。當我將注意力集中在身體的緊繃處，我能感受到它們的情緒，也聽見它們的故事。它們深深渴望關注與接納，最終鼓起勇氣，完整地現身於我面前。如今，我的每一個部分，都被我的心溫柔擁抱。

> 請放鬆腹部，輕聲對自己說：「此時此地，一切都被接納。」感受這句話在你內在引起什麼變化。你的心智是否抗拒，使你緊繃？還是感受到些微鬆動，讓心有了更多傾訴的空間？也許兩者同時都存在。

我在整脊診所的經歷，是一次實際練習以內心回應咒語的過程：

1. 首先，我意識到自己的情緒升起。
2. 接著，我向生命提問。
3. 再來，我的注意力轉向當下，開始對此刻產生好奇。
4. 最後，我對自己的感受說：「我看見你了。」

我曾經教導這套具體的方法，但後來發現，很多人的說書人會在過程中介入，讓整個練習變了調，結果反而讓人感到更加挫折。現在，我傾向引導人們去明白一件事：那些藏在我們心裡的咒語渴望的，就是每個人在脆弱時渴望的東西，也就是被感同身受地傾聽。當你理解這一點，就會更容易找到自己的方式，學會如何與這些信念同在。

深化傾聽

前一節所介紹的方法，已足夠應對大多數的咒語。但對那些我們最畏懼或最羞於面對的咒語，還需要再多一個步驟。它們需要被傾聽，就像我在整脊診所的經驗中所做的一樣。當你度過糟糕的一天，也會渴望有人真心傾聽你，不是嗎？這時，不妨對你察覺到的內在感受輕聲說：「我想聽聽你的世界是什麼樣子。」

對於那些深埋心底、早已凍結的咒語，記得加上一句「等你準備好了」。你可以這樣說：「等你準備好了，我想聽聽你的世界是什麼樣子。」因為我們曾經批判、排斥它們，甚至極力想把它們趕走，它們通常需要一點時間才能相信我們真的願意接納它們。它們就像害羞的小鹿，我們越是急著尋找，它們越會躲起來。但它們渴望連結。只要我們保持耐心，它們終究會走出躲藏的角落，願意被我們看見。

每一個咒語都帶有獨特的世界觀，它們源自年幼時期的經驗，就像你一樣，它們渴望被傾聽。只要你願意，它們就會說出自身的故事。你的任務就是傾聽。因為讓這些內在部分發出聲音，正是釋放它們所承載之能量的關鍵。

正如我們在第五章討論過的，你無須對任何一個內在部分感到羞愧或害怕。這些部分之所以顯得如此激烈，是因為它們早年被封存在你心中，帶著孩子的眼光看待世界。它們等待了你一輩子，只為了被聽見。只要你以接納的態度去關注它們，它們終將學會自動鬆開。不論你所察覺到的是身體感覺、內在感受，還是故事，它們其實都只是想要被傾聽。

❖

> 請將注意力帶到身體某個經常感到緊繃的部位，輕聲對它說：「等你準備好了，我想聽聽你怎麼體驗這個世界。」不必在意此刻是否有任何回應，重要的是你願意帶著好奇心與它同在。當這個緊繃的部位感受到足夠的安全與信任，它自然會對你敞開。

當它們被聽見，你內在的許多部分便會平靜下來，進而展現出你內心那片廣闊寧靜之地。然而，最深層的咒語可能還需要一份我稱之為「邀請」的禮物。這意味著邀請咒語看見與過往不同的視角。我在整脊診所時，就是這麼對待內在的憤怒以及那個覺得自己不重要的部分。覺得自己不值得被愛的咒語，渴望的是你接納它原本的樣貌；感到孤單的內在，需要的是你對它說：「我在這裡，哪怕有時我會離開，但我會盡快回來。」這份邀請必須在傾聽之後再提出，否則這個咒語可能會以為你只想試著改變它，而非接納它。當咒語真正得到傾聽，它才有可能對新的視角保持敞開。

我人生中最深刻的轉折，就是與那個覺得「我的存在是錯誤、我糟透了」的部分對話。傾聽之後，我發現它其實渴望聽見另一種觀點。於是我對它說：「我們其實變成了很好的人。」它聽了之後震驚地問：「真的嗎？」它長年被凍結在「我糟透了」的信念中，如今聽見這句話，它感到前所未有的釋然，甚至落淚。它一遍又一遍問我：「真的嗎？」而每一次我說「是的」，它都再度被這份回應深深觸動。

把咒語所說的話寫下來，也有助你看清它們如何看待世界。我發現，比起寫一大段文字，簡短的一句話反而更能揭露它的核心。你可以問某個內在部分：「你眼中的生命是什麼模樣？」答案常常出人意料、發人深省。我真正開始鬆動內在束縛，就是從傾聽覺得「我糟透了」的部分開始。其實我大半人生都暗自相信自己不好，同時又想極力否認這一點。當我把它說的話寫下來，我發現這些想法幼稚又不合邏輯。它甚至還堅持某些荒謬的信念，例如「你在二十三歲做過那件事，那就證明你糟透了」。對它來說，只要我不夠完美就代表有問題，然而世界上根本沒有完美的人。

只有最深層的咒語才需要這種深度傾聽與感知轉換。你可能需要一段時間，建立一種信任關係，好讓這些脆弱的部分感到足夠安全，願意坦白它們的世界觀。而也只有在被真正傾聽之後，它們才有可能敞開去接納新的觀點。就像你在被理解之後會感到放鬆與輕盈一樣，你的深度傾聽也能讓這些幼小且躲起來的部分釋懷，讓被禁錮其中的能量得到自由。

開闢你的路徑

當你明白那些咒語並不是你的本質，而你是那個能夠看見、接納、關注它們，讓它們得以鬆動的人，那一刻，真正的療癒就開始了。當你逐漸熟悉這些咒語，會驚訝地發現它們從未被允許真實地表達經驗。你被訓練成要逃避它們，以至於它們從來沒有感覺自己被聽見。請相信我，當你終於願意認出並傾聽那些你一生都在否認、陷入或逃避的內在部分時，會有一份喜悅浮現。

還有另一種喜悅，來自全然接納每一個當下的自己。學會如何面對真實的自己，能夠帶來難以言喻的寬慰與快樂。

我們內在那個「不能做真實的自己」的咒語一直都在等著被療癒。當然，學習這樣的態度需要時間，因為你從小就被灌輸要逃避自己的感受，不去面對它們。在療癒的過程裡，耐心是關鍵。這就好比在學習一種語言：心的語言。心所擁有的療癒力，是頭腦無法透過修正、改變或抗拒達成的；心的本質是不批判，並且充滿包容、傾聽和接納。

你可以運用想像力，幫助自己看見每一個咒語真正的渴望，進而開啟從反應的心智走向覺察的心。想像你走進一個寬敞的空房間，乍看之下沒有人，但某個角落突然出現細微的動靜。你走向那裡，發現躲著一個孩子。就在那一刻，你知道這孩子正在經歷你長久以來壓抑在心中的感受。你會對這孩子說些什麼？你會怎麼陪伴他？你心中浮現的回應，就是你自己此刻真正渴望得到的陪伴方式。請將這樣的態度轉向自己，就像你會溫柔地對待這個孩子一樣。

如果這樣的想像對你來說仍不容易，也可以試著想像你小時候或在某次受傷的時刻，你最希望父母對你說什麼，最希望伴侶或朋友怎麼與你相處。你心中浮現的那些場景與話語，其實就是你此刻最需要給自己的東西。

此外，你還可以加入兩個簡單卻深具轉化力的練習。第一，當你發現自己陷入掙扎時，把手輕輕放在身體感到緊繃的地方。憤怒時，或許你會覺得胃像被糾住；悲傷時，可能感受到喉嚨堵塞。將手安放其上，全神貫注地感受那個部位，然後輕聲對它說：「我看見你了，沒關係，你可以在這裡。」請記得，這不是為了改變什麼。將注意力帶回當下的身體經驗，哪怕只是短短幾秒鐘，也會產生深遠的影響。

第二，如果你還無法清楚辨識內在究竟是什麼在反應，可以把手放在心口，輕輕拍打或慢慢畫圓，然後對自己說：「我如實接納此刻的自己。」請記得，你內在草原的本質是愛。當你真正明白這一點，你會知道自己沒有任何部分是不值得被擁抱的。不論生命此刻喚起什麼感受，一切都能被溫柔地接納。

那麼，現在要問的問題是：你想怎麼生活？你想活在頭腦裡，被籠罩在掙扎的雲層中，繼續被充滿反應與控制的說書人牽著走，還是願意回到內心，向生命敞開？對多數人來說，答案其實很清楚。我們渴望超越對掙扎的執著，用內心的療癒力量去迎接自己、迎接生命。

章節重點

- ☑ 若要真正敞開心扉迎向生命，你需要對內在發生的一切保持敞開。
- ☑ 你的內在住著一大群你不願讓他人知道的角色。無須為此感到羞愧，因為每個人都一樣。
- ☑ 你的心可以靠近它們，傾聽它們眼中的世界，從而讓它們不再受困於你的抗拒之中。
- ☑ 心智往往是二元對立的，大多數時候被喜惡、渴望與抗拒所牽引。心則擁抱當下，選擇包容而不排斥，接納而不拒絕，並將所有部分的你編織成完整而真實的存在。
- ☑ 小時候，你的心是敞開的。後來，你學會把它關起來，轉而躲進心智裡，把那份純真與療癒力深深封藏起來。
- ☑ 當你的內心重新敞開，你會發現不再抗拒眼前的經驗本身就是一種療癒。這樣的發現會引領你觸及非凡的療癒力，也就是「接納一切」。
- ☑ 無須責怪任何人。父母（和手足）只是創傷經驗的傳遞者，而這些創傷出現的目的是教你敞開心扉。

- ☑ 真正的轉化，只有在接納與傾聽的氛圍中，才有可能發生。當你以接納的態度去關注正在經歷的一切，被困住的能量便會開始擴展與流動。
- ☑ 你不需要被修正。「修正」這件事，其實只是你腦海中的說書人玩弄的把戲，它源於你被訓練去批判和恐懼自己內在感受的習慣。
- ☑ 你大多數的痛苦，其實是你抗拒痛苦本身所造成的。
- ☑ 那些你深信不疑的咒語，並不是真實的你。它們只是被制約的狀態，把你與那片內在草原隔絕開來。

憶起練習 · 第七週

本週宣言：

此時此地，一切都被接納。

你的宣言：

____

ഗ

憶起時光

經過這幾週的練習，你已逐漸學會將注意力放在當下的經驗。這一週，我們要進一步練習「直接面對經驗」，不再迷失其中，也不再逃避。

當你跟隨呼吸節奏進行練習時，若有某個內在感受或身體感覺浮現，並吸引你的注意，無論是昨天發生的事、一陣手臂痠痛，或是一股胸口的悲傷，請對它說「我看見你了」，然後再將注意力帶回呼吸。

這句「我看見你了」正是心的療癒能量。它傳遞著一種訊息：「此刻，我將全然關注與接納自己所察覺到的一切。」在接下來的練習中，你會有更多時間深入探索這些將你從當下帶走的經驗。此刻，請看見、覺察並說出「我看見你了」，然後回到呼吸。

別忘了，你所注意到的一切，其實都只是掙扎之雲的具象展現。我們唯一需要做的，是承認它們、放下它們，然後回到呼吸這片庇護所。

有些日子，你能輕鬆看清注意力被什麼吸引，並毫不費力地回到呼吸；但也會有些時候，念頭特別活躍，你才剛回到呼吸，就又被說書人牽著走。

沒關係。即使整段練習都在分心，只要其中有一刻你對那份經驗說「我看見你了」，這一刻就已經帶來轉化。

所謂的「好練習」與「壞練習」並不存在。真正最有力量的時刻，往往發生在念頭紛亂時你仍能覺察「啊，我又被拉走了」。這份覺察就是讓你鬆開咒語、回歸當下的起點。

請先閱讀以下指引，再放下書本，開始探索。如果你習慣為練習計時，請在上週的基礎上多加一分鐘，共十一分鐘；

如果不在意時間，就隨著好奇心的節奏慢慢進行。讓我們現在開始吧：

請閉上眼睛，把注意力輕輕探向內在體驗之河，感受此刻成為「你」是什麼樣的感覺。

在接下來至少三次呼吸中，吸氣時輕輕收緊肌肉；吐氣時，慢慢放鬆全身，並發出象徵釋放的聲音：啊——。

將注意力帶回你的呼吸循環，在心中默念那些安定、聚焦的詞語：「吸……吐……深……緩……平靜……自在……如其所是……我在這裡。」（你也可以選擇只重複：「如其所是……我在這裡。」）

當你發現自己不再完全與呼吸同在時，不妨帶著好奇心觀察：此刻是什麼吸引了你的注意力？不論你察覺到的是什麼，都可以在心中輕聲對它說：「我看見你了。」或者，如果你覺得合適，也可以說：「我看見你了，我在這裡。」

如果你覺得有所共鳴，花一些時間帶著好奇心去探索察覺到的一切；如果沒有也沒關係，只要將注意力帶回呼吸與那些安定、聚焦的詞語上就好。要記得，每一次說出「我看見你了」，然後再回到呼吸的當下，都是一次療癒的時刻。

最後，經過這段你給予自己全然關注的時光，擴展你的覺察，並對你的體驗保持好奇。

當你準備好了，請慢慢睜開雙眼。

簡易版

請閉上眼睛，把注意力輕輕探向內在體驗之河，感受此刻成為「你」是什麼樣的感覺。

在接下來至少三次呼吸中，吸氣時輕輕收緊肌肉；吐氣時，慢慢放鬆全身，並發出象徵釋放的聲音：啊——。

將注意力帶回你的呼吸，並在心中默念那些安定、聚焦的詞語。

當你發現自己不再與呼吸同在時，帶著好奇心觀察，是什麼吸引了你的注意力？

不論你察覺到什麼，都可以在心中輕聲對它說：「我看見你了。」然後將注意力帶回呼吸與安定、聚焦的詞語上。

最後，經過這段你給予自己全然關注的時光，擴展你的覺察，並對你的體驗保持好奇。

當你準備好了，請慢慢睜開雙眼。

第 8 章

一切安好，駐足當下吧

你正走在回到內在草原的旅程中，沿途學習對當下保持好奇心、放下控制、停止逃避、轉向自身經驗，讓自己觸及心的強大療癒力。透過你的心，那些曾被內在咒語緊緊束縛的能量會得到釋放。你釋放的能量越多，越能全然參與生命，也越能重新回到草原。在那裡，一切都在流動，一切都充滿生命，一切都是愛。

當你逐漸具備洞察力，也願意以慈悲關注自己正在經歷的事，而不是將自己與它們畫上等號時，不妨想像自己是由三個層次構成的。

最上層是你的心智。你（就像大多數人一樣）原本可以運用它來對生命保持好奇，卻把它變成了一位說書人，任由它不斷為你描繪這個世界。這位說書人以恐懼為基礎，由批判黏合而成，整天喋喋不休，總想控制你，也想控制你的生命。它有自己的好惡，總是追逐它喜歡的、排斥它厭惡的。當它無法如願改變你或生活時，常常會轉向各種強迫行為來麻痺你。正是這份對當下經驗的抗拒，以及你對那些源自抗拒的故事產生認同，才讓雲層籠罩了你的心智。

第二層由所謂「不可接受」與「未被滿足」的自我組成。這些是你不希望自己或任何人知曉的部分，因此控制欲強烈又帶有強迫傾向的最上層，將它們深埋於你的內在。它們反映出最年幼、最脆弱的你，總覺得自己不夠好，還相信生命並不安全。這些部分如此絕望，讓你覺得只要靠近就可能被淹沒。儘管你將它們埋藏起來，它們並未消失，反而在日常意識之下默默影響你。

最下層才是真正的你。那裡是你內在的草原。當你安住於草原上，你的眼中閃著光，身體充滿生命力，整個存在都散發著活力與光彩。在那裡，你不再忙著「經營人生」，而是「成為生命」，重新連結與生俱來的信任，好讓自己真實地參與生命，不再被困在頭腦裡，總想把一切變成你認為應該要有的樣子。這裡是你年幼時安居的地方，直到你經歷的內在感受與身體感受變得難以承受，你開始將它們埋藏起來（第二層），並退回到頭腦之中（最上層）。

在回歸自我的旅程中，當你學會運用心智（最上層）對自己的經驗抱持好奇時，草原就會為你敞開。當你對內在發生的一切感到好奇，不再試圖修正、理解或抗拒時，草原便會顯現出來，尤其是當你願意面對那些最隱密、最難以接受的部分（第二層）時更是如此。透過好奇心的力量，你能切斷說書人抗拒當下經驗的傾向，並將不帶評判的覺察帶入心智，使它得以放鬆下來。你也能以接納的態度關注第二層，使內在感受能在你體內流動並釋放。你越是以覺察的心去接納當下的經驗，越會發現驚人的事實：每一個你曾因恐懼或羞愧而抗拒的部分，其實都藏著一扇門，通往那片充滿喜悅與平靜的內在草原（最下層）。

> 請暫停片刻，將注意力輕輕帶向內在體驗之河。那片草原正與你同在。不必刻意尋找，只需運用你的心，如實地體驗此時此地的生命。

最重要的是，就在你閱讀這本書的此刻，你就是那片草原。你的身體充滿光采，你的內心洋溢著愛，你的每個細胞都深深信任生命的流動。這一切為你的內在創造出一片寬廣的空間，而那空間安住在生命核心的寧靜裡。

然而，大多數時候你並沒有察覺這片草原，反而將注意力放在頭腦裡的聲音，它們是由你年幼時接受的各種咒語所構成。這些聲音整天喋喋不休地講述故事，試圖掌控生命。它們並不知該如何真實地參與當下的生命。

此刻，你被邀請從試圖掌控生命走向真正參與生命。這是你內心長久以來的渴望：敞開自己，信任生命，並感受它帶來的喜悅。請記住，信任生命並不是相信你會得到自己想要的，而是明白你會得到需要的一切，引領你走出掙扎的雲層。真正的信任是同時接納生命的順境與逆境。

《愛的藝術》（*The Art of Loving*）的作者、哲學家與心理學家埃里希．佛洛姆（Erich Fromm）曾說過一句話，直指擁抱生命需要的那份信任感：「如果一個人不明白萬事皆有時，卻執意要強求，那他將永遠無法真正專注，也無法體會愛的藝術。」

當你順應生命的流動，並理解聖經所說的「萬物都有定時」，你就會達到佛洛姆所說的「真正專注」。這意味著無論順境或逆境，你都能完整地與當下同在，你也會發現生命中沒有任何時刻是平凡的。佛洛姆將這一切用「愛的藝術」貫穿起來。他明白，當你以愛來看見自己曾接受的咒語，掙扎之雲就會逐漸散去，你也會發現這整段旅程其實是為了**成為愛**。

接下來，你要開始認識那位說書人，不是為了糾正、改變或擺脫它，而是為了看清它的本質。那是從你年幼時開始由恐懼與批判滋養而成的聲音，存在於你的心智之中。你越能看見它，雲層就越能散去，你也越能回到那片內在草原，並以最真實的狀態來活出生命。

四個覺醒工具

我們已經探索了四個能夠轉化說書人的方式：

- 與生命智慧為伍
- 培養好奇心

- 改變你和不適的關係
- 獲得心的力量

接著，我們要回顧這四種強而有力的工具。當你陷入掙扎時，這些工具會迅速地提醒你如何辨識並鬆開它們的束縛。

與生命智慧為伍

在向生命提問之前，你得知道自己並不孤單。生命的智慧一直與你同在，陪伴著你走過每一步。你越能觸及這份智慧，就越明白療癒不是你一個人要扛起的事。以為一切都要自己掌控，就像桃樹以為自己得設法長出桃子，而且還擔心不夠好、不夠快。事實上，是生命在引導生命本身。正如自然萬物共同協作、孕育出一顆桃子，那股力量也在你之內，持續地引領你走向覺察。你可以透過提出問題而不尋求答案的方式，來觸及這份智慧。起初這可能讓你感到挫折，畢竟你習慣了尋找解答。但那樣的尋找只依賴心智，而心智能理解的其實非常有限。向生命提問是繞過習慣掙扎的心智，也是生命賦予你最有力的工具。

你可以在日常生活中隨時向生命提問。我最常提出的問題是：「在這個情境中，我需要說什麼、做什麼，或成為什麼，才對整體的最高益處有幫助？」每當我把挑戰交給生命，看到那股深邃的智慧透過我流動，我總感到由衷的驚喜。有些時候，我說出來的話、做出來的行動，在開口提問之前，連我自己都無法想像。

提問也能帶你直面此刻的內在經驗。以下是我的電話諮商群組中一位成員露西兒的例子：

我最近壓力很大，也很焦慮。昨天下班後，我順道去超市買些晚餐的食材，無意間看到展示架上擺著一種黑色的芬蘭甘草糖。那一刻，我突然非常想吃甘草糖。猶豫了一下，我還是把它放進購物籃裡。排隊結帳的時候，我腦海裡一直想著要在車上趕快吃掉它、它會有多好吃，還想著反正沒人會知道我吃了糖。

就在那時，我注意到自己的胃越來越緊繃，但我仍然很想吃。走向停車場時，那種緊縮感變得比糖果更明顯，開始搶走我的注意力。我坐進駕駛座，把雙手輕輕放在腹部，問自己：「我內在有什麼渴望被看見？」我的注意力立刻沉進那股緊繃的感覺，我對它說：「我看見你了。我不知道你想傳達什麼，但我會試著傾聽。」就在那一瞬間，我不再想吃甘草糖了。它一下子變得沒那麼吸引我。我就這樣開車回家，煮了晚餐，和家人一起享用，完全沒有再碰那包糖。

露西兒願意向生命提問，去看見自己內在正在發生的事，這讓她原本的衝動開始鬆動，也喚起了她的好奇心。當她將注意力放在緊繃的胃部，她的內心甦醒了，開始給予那股緊縮渴望已久的慈悲與接納。在被看見的過程中，原本想用甘草糖來麻痺自己的欲望，就變得不再那麼有吸引力了。這一切都源自她願意提問。

令人驚訝的是，大多數人在面臨難關時，會忘記生命的智慧始終與自己同在，隨時準備伸出援手。當內在波瀾太大，讓你難以抽身並陷入抗拒；當你無法看清正在發生什麼；又或是生活節奏太快，讓你來不及回頭觀看時，不妨向生命提問，比如：「我需要面對什麼？」、「我準備好要看見什麼？」、「有什麼能帶我走過這段經歷？」

問題的力量來自問題本身。當你提出問題，就等於向生命發出訊號，表示你已經準備好傾聽超越心智的智慧，也準備好看見過去所抗拒的一切。這樣的提問會推動生命啟動轉化的進程。剛開始你可能會不自覺地尋找答案、懷疑答案是否真的會出現，甚至很快就想放棄，覺得「這根本沒用」。但它確實有效。生命會在最合適的時機，以最合適的方法給你解答。

> 問問生命：「我現在準備好從內在看見什麼？」讓這個問題在你日常意識之下靜靜流動，悄悄發揮它的魔法。

培養好奇心

我們之前所探討的，其實都可以歸納為同一件事：以接納的態度對你正在經歷的一切保持好奇。這種願意轉向當下經驗，不再陷入其中或否認它的能力，是人類最強大的覺醒工具。好奇心之所以如此有力量，是因為它讓你跳脫說書人的視角。你開始學會與它對話，不再任它左右。即使不完全理解當下正在發生什麼，光是意識到自己被困住，就足以在緊縮之中打開一道空間，讓你從更寬廣的視角看清自己。

隨著你的好奇心日漸成熟，你會對自己內在正在發生的事感到著迷，特別是在你被生命觸動的時候。這時，你可以對自己說：「我願意讓這一切在我心中自然展開。」你將更能全然地體驗當下，不再被說書人對這些經驗的評論牽著走。當你以全然接納的態度去關注，會發現那些曾被困住的能量開始流動與釋放。

當你看清說書人的本質後，便能開始擁抱那些恐懼、陰暗面，甚至被貼上負面標籤的自我。你沒有任何部分是「壞的」或需要被抹除的。你本來就是光與暗的混合體，正如陰陽符號明與暗彼此依存。你的陰暗面其實藏著豐盛與禮物，當你用接納的態度去關注，它們自然會向你顯現。

一行禪師在其著作《一行禪師談全然覺察的喜悅》（*Thich Nhat Hanh: The Joy of Full Consciousness*）寫道：「我們內心的恐懼、憤怒與痛苦，就像有用的堆肥，不該被丟棄。它們是慈悲、喜悅與幸福之花得以綻放的必要養分。這是所有修行的根基。若沒有這份理解，我們只會繼續受苦，繼續以為非得先擺脫這些負面狀態才有可能幸福。事實恰恰相反，我們真正要做的是去接納它們。」

關於接納自己的陰暗面並理解它們只是暫時的，我的諮商團體裡的成員克拉拉曾分享她的想法：

那天我一邊煮晚餐，一邊望著屋內的凌亂景象，心中浮現了一個念頭，或者說是一個咒語：「我好累，快撐不下去了。」當我開始相信這句話，明顯感到自己的能量開始下沉。接著，我的感知發生了轉變，讓我意識到疲憊不堪的自己。這個微小的轉變並沒有造成能量下沉，反而創造了更寬廣的空間。我對自己說：「那些疲憊不堪的部分前來造訪了。」這帶來了巨大的轉變！它讓我明白一切都是暫時的，最終都會過去。這樣的領悟也讓我的心變得更加寬廣。

當下，我對草原與雲層的比喻有了新的體會。我們腦中的種種故事，就像天氣一樣會來來去去。有時是晴天，有時是雨天，有時會下雪，總在變化中輪轉。天氣既無法控制，也不會永遠停留不變。我唯一能做的就是如實去經歷、去看見它。

透過轉向自己，克拉拉沒有被說書人牽著走，而是能夠與當下的經驗同在。那股疲憊的能量也沒有被困住，而是像雲朵掠過天空般自然地流動過去。

當你允許內在故事流動並穿越你時，放鬆腹部、帶著呼吸進入經驗會有所幫助。因為只有你願意溫柔以對時，它們才會慢慢鬆開。當你發現自己在咒語浮現時經常屏住呼吸，並意識到讓呼吸的能量重新流動是多麼強大時，你會感受到深刻的釋放與寬慰。深長又飽滿的呼吸能夠推動能量轉化。不過，與其強迫自己深呼吸，造成更多緊繃，不妨將注意力放在吐氣上，讓每一次吐氣變得緩慢且深長，這會安撫你的心智，讓原本緊閉的內在空間慢慢打開。（你可以透過第二週「憶起時光」的「蠟燭呼吸」來熟悉這種呼吸。）

> 請將注意力帶向腹部。如果感覺腹部緊繃，請意識到是說書人在緊抓不放。進行幾次「蠟燭呼吸」，緩慢且深長地吐氣。然後，讓一抹微笑緩緩延伸至你的腹部深處。

改變自己與不適的關係

為了認識並安住於那片寬闊的草原，你必須改變自己與不適的關係。與其不停抗拒，不如走向不適，超越想把它推開或被它吞沒的反應。當你開始靠近不適，眼前發生的事將變得更容易面對，不再讓你感到窒息。當你體會到過去總是逃避的經驗，其實能帶來療癒，你會成為一位「緊繃偵探」。每當你的頭腦、身體或內心出現緊繃感時，你將不再被抗拒困住，反而開始對當下的經歷產生興趣。請記住，所有讓你感到緊繃的事物都來自「對抗」(掙扎之雲)。

當你逐漸從雲層中覺醒，就會明白沒有什麼值得讓你封閉自己。你不再想認同並助長那些咒語，也不願把它們再次壓回內在，任其製造混亂。於是你會開始明白，唯一的出路就是真實地經歷並接納當下。這時，那些原本被困住的能量會開始流動。當你能夠看清某個熟悉的故事，不再被它牽著走，你將體會到前所未有的自由與喜悅。在這樣的覺察裡，被壓抑的能量終於有機會得到釋放。

內心深處的某些部分一旦浮現，確實會帶來痛苦，而最讓人不舒服的部分，往往正是最需要你看見的。曾有一次，我談到「我看見你了」（I see you）這句話的力量，一位諮商小組的女性說她誤聽成「ICU」，也就是英語中加護病房的縮寫。她笑了出來，因為這巧合太貼切了。她發現自己最需要聽見「我看見你了」的內在部分，確實像在加護病房中奄奄一息，竭力生存下去。這些部分極度渴望被看見、被聽見，它們需要你盡可能地用好奇心與慈悲心來回應自身的經驗。

當你開始觸及那些最深層的壓抑時，轉向自己的過程就像是把冰冷僵硬的手指泡進溫水中，隨著血液回流，疼痛難以言喻。同樣地，當你的注意力接觸並打開被困住的能量時，可能會因為身體與心重新流動而感到疼痛，但這是療癒的疼痛。就像手指因為溫熱血液的回流而恢復知覺，你也會在能量穿透長期封閉的部位時，重新感受到活著的滋味。

當你感受到某個痛苦的部分在呼喚你的關注時，試著用呼吸去觸碰它，讓它從內部慢慢鬆開來。請記得，沒有任何念頭、內在感受或身體感覺會永遠停留。你所經歷的一切最終都會過去，當它們被你的心溫柔迎接，就會更快消散。這些只是被困住的能量，它們渴望流動，不願再被困在你的抗拒裡。你的心有能力讓那些被壓抑的能量重新流動。

朵拉是一位我長期共事的女性，她曾與我分享自己的故事，談到她在面對內心最深處的咒語時所感受到的那份喜悅。

> 當你閱讀接下來的故事時，不妨同時留意自己的呼吸是否流暢。如果你發現呼吸停滯，請在吐氣時讓自己輕輕地吐出一聲悠長的「啊——」。

一位朋友的離世讓我變得封閉。相較於先前那種敞開而寬廣的狀態，如今的收縮讓我深感痛苦，也讓我陷入掙扎。我轉向內在並提出問題：「是誰在那裡？」於是，一個充滿恐懼的自我浮現出來。那是我從未經歷過的恐懼，極為強烈，與死亡緊緊相連。我這才明白，原來我對死亡感到如此害怕，而朋友的離去使我首次得以正視這個部分。我從未意識到這股恐懼藏得如此之深，因為它早已被我徹底壓抑，所以我無法覺察。實際上，它已在日常意識之下潛伏許久。

儘管我一直在與這個恐懼的自我共處，也試著接納它，並以為自己應對得不錯，但這一次它卻放聲吶喊，彷彿困在狹窄的房間，不斷拍打牆壁試圖逃脫。我感到呼吸變得困難，然而我沒有逃避，也不急於改變什麼，只是讓自己靜靜察覺並完整地感受所有情緒。

我對那個充滿恐懼的自我說：「親愛的，你會出現是再自然不過的事。你將死亡視為終結，當然會害怕。讓我們認識彼此吧。很抱歉過去未曾真正看見你，你是如此美麗。我願意接納一切，也接納你。你是被歡迎的，請走近我。」

當下，我對這個部分生起了深深的慈愛。我將它放進心中，好好地接納它，並真誠地告訴它：「你可以留下來，多久都沒關係。」這是一段不可思議的經歷。

我很期待深入了解這個恐懼的自我，並與它建立關係。今天早上，我再次與它同在，向它道聲早安。這真是無比珍貴的禮物。

請試著留意，當朵拉面對恐懼時，你的內心有何感受。然後，請給予自己正在經歷的事物一個微笑。

朵拉能夠說出「這真是無比珍貴的禮物」，是因為長年潛伏的恐懼終於被她看見，也被她的心所接納。原本困在恐懼與抗拒中的能量因此鬆動，讓她重新回到內在草原的喜悅與寬闊之中。正因她對生命懷有足夠的信任，才能敞開自己，迎向這份恐懼，讓它得以釋放。這正是本書的核心訊息：**生命的一切安排，都是為了喚起內在被壓抑的部分，使它們得以鬆開與釋放，好讓你能全然地活出生命。**

獲得心的力量

那些即使在你關注之光中仍無法鬆動的咒語，正是在呼喚你的心去療癒它。唯有透過你的心，你才能真正看見，那位說書人有多麼害怕、憤怒、迷惘與孤單。你越能懷抱好奇，向生命提問並尋求指引，心就會越自然敞開。當你願意以覺察的心去接納那些曾經無法接受的自我，真正且持久的療癒便會展開。

心懂得如何擁抱經驗。我們在上一章提過這幾句話：「一切都被接納」、「如其所是……我在這裡」以及「我看見你了……我在這裡」。這些都是觸及內在療癒的鑰匙。心讓你不再與當下對抗，轉而為每一份經驗騰出空間，讓其能夠自由流動。心也明白你內在的每一個部分渴望接納、傾聽與包容。

朗達是我帶領的覺醒小組的成員，她總是願意向生命提問，也願意用敞開的心去面對恐懼。她的故事清楚為我們展現如何與說書人對話，並與充滿恐懼的自我建立新的關係。

> 閱讀接下來的故事時，請將手輕輕放在胸口，提醒自己以接納的態度去關注每一個正在浮現的感受。

我和我八十六歲的奶奶住在一起。她通常在早上九點半左右醒來。這半年來，我從未見過她睡到超過十點半。那天早晨格外安靜。當時間接近十點半，我的說書人開始編故事：「她從不會睡這麼晚。她現在還沒起床，不覺得很奇怪嗎？」我沒有被帶著走，而是深吸一口氣，把手放在心口，對這個源自恐懼的故事說：「你好，歡迎你來。」

但這次說書人不想被打斷，它繼續描繪更緊張的情節：

「今天特別安靜，我連她的打呼聲都沒聽見。她通常會半夜起來上廁所，但是昨晚什麼動靜都沒有。她一定是在睡夢中去世了！她死了！我知道，她真的死了！我不想失去她。如果她走了，我也會失去住的地方。那我該怎麼辦？」我覺得自己又被恐懼的故事捲進去了。

我的心跳加快，肩膀和脖子緊繃，手臂緊緊環抱著緊縮的腹部。就在這時，我的好奇心甦醒，將我從反應中拉了出來。「這只是說書人的聲音。」我提醒自己。我的肩膀稍微放鬆，我邀請脖子也一起鬆開。我一手放在心口，另一手放在逐漸柔軟的腹部，我問：「是誰在那裡？」接著馬上明白是那個恐懼的自我。我對它說：「你會出現在這裡是理所當然的。我們是安全的，生命正在掌舵，一切都安好。」

隨著我的腹部和肩膀逐漸放鬆，我的心也敞開去感受那股恐懼的能量。接著，故事又重新浮現。這場拉鋸持續了四十五分鐘。說書人的劇情越來越繁複，我則安住在呼吸的節奏中，並對它正在做的事情保持慈悲的好奇心。

緊繃感會湧上心頭，但隨後我會放鬆下來。那就像看著海浪拍打上岸又退回。我不是起伏不定的海浪，而是靜靜觀察浪潮的人。看著那壯麗無比的變化，真是令人讚嘆不已。

快到十一點，也就是我原本決定去查看奶奶的時間，說書人的故事更加誇張。剛開始，我因為恐懼而封閉，但隨後我的心接納它，允許它，不急著改變它。我看著恐懼再度升起，我的心則再次用愛包裹它。每一次恐懼來襲，我的心都更加深沉，直到說書人完全被愛包圍。

我打開奶奶房門時，聽見她深沉的呼吸聲。接著床頭電話響起，她猛地起身接起電話。我關上門，臉上帶著微笑，感謝她透過「晚起」送給我這份深刻的禮物。然後我的說書人又冒出聲音：「我真蠢，居然以為她死了。我又大驚小怪了。」我的心這麼回應：「親愛的，我愛你原本的樣子。」

朗達和我分享這段經歷後，我請她寫下來，讓我收錄進這本書。她在最後寫道：「在這段經驗裡，一整組內在角色輪番登場。令人驚訝的是，我竟然能用愛和敞開的雙臂，迎接每個角色進入我的心。而你知道嗎？沒有一個停留太久。就連那個認為『你寫不好，你把人生搞砸了』的部分，我也能溫柔地提醒：『生命正在自然地展開，我們是安全的。』」

朗達總結道：「放下一切，相信過程。不再陷入試圖困住我的故事，用充滿包容與愛的心，讓它們穿越我而過，並且一次次地回到真理：生命支持著我們，而且值得信任。這樣的體悟改變了我，也帶來真正的平靜。我的心充滿感恩。」

儘管一度陷入恐懼，朗達仍能意識到那只是說書人的聲音，於是她以接納的態度給予恐懼需要的關注。即使你已經體會過用心面對經驗能帶來多大的療癒，有時你的心可能還是無法敞開。請記得，只要能察覺自己正被說書人牽著走，並願意把當下交還給生命就足夠了。這就是覺醒路上最根本的練習。你越願意轉向自己，心越會自然地開啟。

不要強迫自己敞開心扉，這一點相當重要。現在你已經明白用心接觸當下經驗多麼有力量，你的心智可能會想「介入」這個過程，但當它發現事情並沒有如願轉變時，便會感到沮喪。（心智會說：「我已經說『我看見你了』，為什麼還是沒什麼改變？」）然而，如果你的接納是出於想讓某種狀態趕快結束，這份關注就不是真的。你內在被困住的部分極為敏感，能清楚感知你希望它們快點消失的念頭。真正的放下是全然看見這些部分、完全接納它們，並在需要時願意傾聽它們，而不是期待它們改變。

我個人療癒恐懼的經驗中，有一個極為重要的時刻，那時我真誠地對內心那個害怕的自己說：「如果你需要待在這裡一輩子也沒關係。」現在回頭看，正是因為我以這樣的方式面對它，那份恐懼才明顯地平靜下來。

所以，你不是嘗試讓某件事發生，也不是想修正什麼，而是開始以全新的方式運用你的心智：帶著足夠的好奇心去面對當下的經驗，讓心能夠自然敞開。這關乎你是否真實地與當下連結。每一個這樣的連結時刻，都會促成感知的轉變，帶來超乎想像的療癒。當你以接納的態度關注困在你內心深處的能量，它們就會被重新轉化為自由流動的生命力。

> 將注意力轉向自己，探索此刻的體驗。讓當下體驗像拍立得照片般逐漸浮現。無論你察覺到什麼內在感受、身體感覺或故事，對它說：「我看見你了。」

逐漸覺醒

請記得，每一次的好奇心與每一次的慈悲心都意義非凡。每一次當你轉向自己的經驗，就好比在腳邊的水桶滴入一滴水。最初，水桶只有幾滴水，你覺得這一切毫無效果。但當你持續被慈悲的好奇心吸引，某一天你會發現水桶已經半滿，每一滴水都代表一個好奇的時刻。即使如此，你可能會覺得「這還不夠」。直到某天，你低頭一看，發現雙腳已被浸濕，原來水桶早已滿溢，那一刻的喜悅難以言喻。

在學習如何以接納的態度關注當下經驗的旅途中，有時你會察覺自己被困住了，卻忘了把這一切交託給生命。有時你遇見的經驗深沉又擾動人心，強烈到幾乎無法意識到自己已陷入其中，而唯一能做的就是把它交託給生命。有時你能清楚察覺到喉頭的緊縮，而光是讓它被看見，緊縮就會自然鬆開。也有些時候，你會注意到脖子發緊，卻完全無法理解它想對你說什麼。

隨著你在覺醒的旅程中不斷前行，有時你會清楚地看見及聽見內在的核心咒語，而被困在其中的能量也因此得到釋放。當能量開始流動，你整個人會發出光芒。重要的是，不論當下浮現什麼狀態，你可以選擇只花幾秒鐘或是半小時探索眼前的經驗。請信任正在召喚你的內在指引。

有時候，你可能不願意轉向自己的經驗。當你被咒語牽動而做出反應時，你也許會沉溺其中，或者試圖擺脫它，甚至責怪他人。那麼，我想問你：「這是否曾經帶來你渴望的平靜？」這或許能夠在短時間內讓你避開不想面對的感受，甚至產生掌控的錯覺，但從長遠來看，這只會讓你深深陷入雲層中，切斷你與內在草原的連結。

然而，當你越來越願意帶著好奇心，以接納的態度關注當下的經驗，你會發現一件奇妙的事：真正的療癒並不來自於修正、改變、擺脫或放下什麼，而是被困住的部分得到全然接納與釋放。正如魯米在〈賓客之屋〉後半段所寫：

迎接困難造訪。
學習活出真我的人
所熟知的鍊金術：
當你接納令你困擾的經驗，
一扇門便會打開。

魯米說的並不是理智上的接受，而是發自內心的接納。在這趟旅程中，接納生命裡的困難與挑戰是不可或缺的。唯有真正接納才可能深入探索，唯有探索才能開啟希望之門。

當你走向自己最想逃避的內在角落時，覺醒不是刻意為之的結果，而是你本來的狀態。好奇心是與生俱來的天性，我們所做的只是喚醒它，好讓它帶著你使雲層慢慢散去。

章節重點

- ☑ 要釋放被困住的能量，靠的不是修正、擺脫或理解正在發生的事，而是讓注意力真正與當下經驗同在。當這兩者結合，能量就會開始流動。
- ☑ 藉由停止逃避、轉向自身經驗，你將觸及心的強大療癒力。那些曾被內在咒語緊緊束縛的能量會得到釋放，你釋放的能量越多，越能全然參與生命，也越能重新回到草原。
- ☑ 你並不孤單。生命的智慧一直與你同在，陪伴著你走過每一步。你越能觸及這份智慧，就越明白療癒不是你一個人要扛起的事。
- ☑ 心讓你不再與當下對抗，轉而為每一份經驗騰出空間，讓其能夠自由流動。
- ☑ 成為「緊繃偵探」，讓你感到緊繃的事物都來自「對抗」(掙扎之雲)。當你開始靠近不適，眼前發生的事將變得更容易面對，不再讓你感到窒息。
- ☑ 當你逐漸從雲層中覺醒，就會明白沒有什麼值得讓你封閉自己。

☑ 你不再想認同並助長那些咒語，也不願把它們再次壓回內在，任其製造混亂。

☑ 當你開始觸及那些最深層的壓抑時，可能會感到疼痛，但這是療癒的疼痛。

☑ 運用心的療癒力量，並不是為了讓某件事發生，而是願意與當下的經驗真實同在。這些時刻會帶來超乎想像的療癒。

☑ 真正的療癒並不來自於修正、改變、擺脫或放下什麼，而是被困住的部分得到全然接納與釋放。

憶起練習・第八週

本週宣言：

這讓我產生什麼感受？

你的宣言：

ග

憶起時光

你可能已經在先前的練習中發現，有些經驗，比如腦中的念頭、身體的感覺或深層的感受，即使你對它們說「我看見你了」，它們仍然無法平靜下來。那些持續吸引你注意的內在部分，其實是被困住的能量，它們正渴望被你聆聽，並藉此得到釋放。

當你面對這些內在部分，就是建立關係的時刻。你可以對它們說：「告訴我你的世界是什麼樣子。」請記得，這些部分和你一樣。無論是頭腦轉個不停、胃中的隱隱不適、喉頭哽咽的感覺，或是胸口升起的不安感，每一個感受都擁有一種世界觀，它們大多在你年幼時就已形成，並且被凍結在你心裡。就像你自己一樣，當它們真正被看見和聽見，便會慢慢安定下來。當你能帶著覺察的心去面對經驗，給予它們真正需要的傾聽，被壓抑的能量就會鬆動，掙扎之雲就會逐漸散去，你也將更接近那片內在草原。

請牢記，你不是為了讓什麼發生才這麼做。那些渴望被看見的部分非常敏感，能感知你內心是否仍有「希望它們快點離開」的動機。你無須逼自己放下，也無須想辦法讓某些感受鬆開。這樣的想法來自一種舊有信念，相信只要修正、改變、擺脫當下的狀態就能找到平靜。但那樣只會給予你想要穿越的掙扎更多能量。你唯一要做的是用感同身受的態度傾聽那些讓你屏住呼吸的經驗。在這樣的傾聽中，那些被困住的能量才會找到空間，並在準備好時自然地釋放。

請先閱讀以下指引，再放下書本，開始探索。如果你習慣為練習計時，請在上週的基礎上多加一分鐘，共十二分鐘；如果不在意時間，就隨著好奇心的節奏慢慢進行。讓我們開始吧：

請閉上眼睛，把注意力輕輕探向內在體驗之河，感受此刻成為「你」是什麼樣的感覺。

在接下來三次呼吸中，吸氣時輕輕收緊肌肉；吐氣時，慢慢放鬆全身，並發出象徵釋放的聲音：啊——。

將注意力帶回你的呼吸循環，在心中默念那些安定、聚焦的詞語：「吸……吐……深……緩……平靜……自在……如其所是……我在這裡。」（你也可以只重複：「如其所是……我在這裡。」）

當你發現注意力離開了呼吸循環與這些詞語時，請在心中問自己：「此刻，是什麼正在渴望被我看見？」

這個問題的本質，是將注意力轉向自己，真實地看見此刻的經驗。

如果你察覺到故事、內在感受或身體感覺，以接納的心去探索它。你可以在心中對它說：「我看見你了。沒關係，你可以在這裡。我想更了解你的世界。」

請記得，我們內在的每一個部分，都擁有自己對世界的看法，而這些看法，往往在我們六歲之前就已經形成。這些內在的部分也像你一樣渴望被聽見。當你說出這些話，就是在邀請自己與當下的經驗同在，並以你的心療癒它。

你所接觸到的故事、內在感受或身體感覺，也許會準備好與你分享它的世界。無須強求，讓它自然地浮現。如果什麼都沒發生也沒關係。它會感受到你的誠意，當它準備好時，就會與你分享。

請帶著這份好奇心持續探索，只要你還想繼續，無論是幾秒鐘或幾分鐘都可以。如果你開始恍神，那就放下探索，回到呼吸循環。

如果你無法清楚看見是什麼正在拉走你的注意力，可以如此提問：「此刻，是什麼正在渴望被我看見？」這樣的提問本身，就已經啟動了轉化的可能。然後，輕輕地把注意力帶回呼吸循環。

最後，經過這段你賦予自己全然關注的時光，擴展你的覺察，並對你的體驗保持好奇。

當你準備好了，請慢慢睜開雙眼。

ꕤ

簡易版

請閉上眼睛，把注意力輕輕探內在體驗之河，感受此刻成為「你」是什麼樣的感覺。

在接下來三次呼吸中，吸氣時輕輕收緊肌肉；吐氣時，慢慢放鬆全身，並發出象徵釋放的聲音：啊——。

將注意力帶回你的呼吸循環，在心中默念那些安定、聚焦的詞語：「吸……吐……深……緩……平靜……自在……如其所是……我在這裡。」（你也可以只重複：「如其所是……我在這裡。」）

當你發現注意力離開了呼吸循環與這些詞語時，請輕聲問自己：「此刻，是什麼正在渴望被我看見？」

若你察覺到某個故事、內在感受或身體感覺，就以接納的心與它同在，並在心中對它說：「我看見你了。沒關係，你可以在這裡。我想更了解你的世界。」

請帶著這份好奇心持續探索，只要你還想繼續，無論是幾秒鐘或幾分鐘都可以。如果你開始恍神，那就放下探索，回到呼吸循環。

最後，經過這段你賦予自己全然關注的時光，擴展你的覺察，並對你的體驗保持好奇。

當你準備好了，請慢慢睜開雙眼。

第 9 章

生命爲你而在

這本書探討的是一種徹底的感知轉變：你渴望的療癒，並非來自改變任何事物，而是來自能夠看見並與當下同在，因為你本身就是覺察。當你處於覺察之中，便能看見那些整日穿越你身體與心靈的咒語、內在感受與身體感覺，不再渴望它們有所不同，也不再被說書人編織的故事牽著走。

當你學會對內在狀態保持好奇，就能如實地體驗當下的經歷，而不再將它視為問題。這時，你能夠給予那些受困於掙扎中的能量需要的關注與空間，讓它得以釋放。這會帶你回到那股自由流動的生命力，也就是屬於你的內在草原。

若你渴望以這樣的好奇心去面對當下，而不是一味想要掌控，首先需要明白：**生命為你而在**。它不是因為你做對或做錯而拼湊成的一連串隨機事件，而是一場智慧的展開，時時刻刻在你眼前展現它的面貌，帶領你從尚未覺察走向覺察。正如艾克哈特．托勒在其著作《一個新世界》（*A New Earth*）中所說：「生命會給予你最能夠幫助你意識進化的經驗。你怎麼知道這是你需要的經驗？因為這是你當下的經歷。」

花點時間感受一下，這與你平時看待生命的方式有多麼不同。你習慣把生命視為某種發生在你身上的事情，需要被控制、修正或改變。而如果你放下那場與生命對抗的遊戲，改為信任它，會是什麼樣子？在這份信任中，你將能向生命敞開，聆聽它，並在每一次經歷中成長。

我曾在夏威夷摩洛凱島帶領一場靜修會，主題是：「在這裡，一切都被接納。」（All is welcome here.）到了第二天，有位參與者分享，她每次聽到這句話，腦海裡聽見的卻是：「一切安好，駐足當下吧！」（All is well. Come here!）當你學會停止讓生命符合你的期待，而選擇出現在生命真正發生的地方（也就是「在這裡，一切都被接納」），你會發現：一切其實都安好。那片內在草原始終與你同在，而生命知道它正在做什麼。你可以安心地出現在生命為你展開的現場。神經外科醫生、《天堂的證明》作者伊本．亞歷山大在昏迷七天後醒來，對他妹妹說的第一句話就是：「一切安好。」

要真正敞開心扉迎向「一切安好」，你得先明白：地球上的演化包含萬物，也包含人類，更包含你。你是生命的一部分，正從尚未覺察走向覺察。你的生命並非一連串隨機事件，而是一段充滿智慧與神祕的生命歷程。

我會形容這段開展是一場完美、有序且神祕的歷程。完美，是因為你生命中的每一段經驗，都是為了喚醒你走出尚未覺察的狀態而量身打造。有序，是因為我們每個人從心智之雲回到那片內在草原時，總會經歷一些相似的階段。神祕，是因為即使我們無法完全理解這一切，依然能向它敞開，重新體會喬瑟夫．坎伯所說的：「活著的狂喜」。

覺察六階段

人生是一段從尚未覺察走向覺察的旅程。愛加倍國際靈性中心（Agape International Spiritual Center）的創辦人兼靈性導師麥可．伯納德．貝克威思（Michael Bernard Beckwith）將這段演化過程分為四個階段。我自己再加上兩個：「生命在你之中展開」與「生命為你而發生」，合稱為覺察六階段：

- 生命被加諸在你身上
- 生命是由你掌控的
- 生命在你之中展開
- 生命為你而發生
- 生命透過你流動
- 生命就是你

接下來，我們會逐一探索這六個階段。閱讀的同時，請不時回到你當下的身體與經驗之中。這一章的內容至關重要。請記得，最有力量的療癒，是將注意力與當下經驗合而為一。即使此刻你正在閱讀，也請試著這麼做，不論這些內容喚起了什麼。

> 請把注意力輕輕探向內在體驗之河，感受它的流動。允許當下所發生的一切如其所是。你從未以這個樣貌體驗過生

命，也不會再有第二次。這一刻是獨一無二的，它本身就已足夠。

生命被加諸在你身上

在你生命中的很長一段時間裡，你可能和大多數人一樣，覺得生命是一連串落在你身上的事情。生命如此巨大難測，如果你誠實面對自己，其實你從未真正知道下一刻會發生什麼。有時你早上醒來，心情輕盈又快樂，但隔天醒來卻感到不安。老闆可能突然開除你，流感可能讓你虛弱不堪，你所愛的人可能會拒絕你。每一天你都在慢慢變老，而死亡總是在不遠處伺機而動。

因此，當你處於尚未覺察的狀態時，自然容易認為自己是生命的受害者。當你相信生命就是一連串落在你身上的事情，也容易把它看作潛在威脅。於是你開始待在頭腦中不停掙扎，任由內在的說書人喋喋不休地抗拒、反應、防衛與解釋，試圖弄懂一切。這個說書人幾乎什麼都做了，就是沒有在此時此刻對生命敞開。

生命是由你掌控的

當巨大的無力感變得難以承受時，就會進入下一個階段：生命是由你掌控的。你從認為自己是生命的受害者，轉而相信自己能夠主導生命，這是一種蘊含強烈個人力量的意識層次，也是走出受害角色的重要一步。然而，許多人會停留在這個階段。男人嘗試控制女人，女人也試圖控制男人。宗教嘗試控制群眾，國家彼此試圖控制對方。多數人習慣控制與自己不同的人，例如不同性傾向、膚色或信仰的人。我們也總是想要控制自己，希望成為自己認為「應該」成為的樣子。

在這個階段裡，往往伴隨著無數努力與掙扎。你相信所有美好的事物都必須透過努力換來，因此熱衷於訂立目標，也常在未能達成時感到羞愧。漸漸地，你會從目標轉向設定意圖。目標是用理智推動事情朝你期望的方向前進；意圖則是調整心態，去感受並召喚你渴望的狀態。這些方式本身並沒有對錯，它們都是覺醒旅途上的重要工具，有時也確實奏效。但不妨想一想：如果你不再試圖讓事情發生，而是單純地敞開去迎向生命，生命會不會自己帶來你內心真正渴望的一切？

有一種普遍流行的觀念認為，人能夠主宰自己的現實。當你認同這個信念時，說書人便會告訴你：只要有正確的信念，生活就能如你所願。但從長遠來看，這並不完全成立。試圖掌控生命，就像一塊浮在海面的軟木塞，試圖左右整片海洋的流向。也許它能稍微改變自己周圍那一小片水流，卻無法撼動構成整片海洋的龐大力量。

如果停留在這個階段，往往會讓人與充滿創造力的生命之流失去連結。當你相信自己能夠掌控生命時，就很容易活在概念的世界中，並刻意打造理想中的現實，而不是如其所是地接納現實。

在這階段停留得久了，就會看見它的侷限。首先，你會開始害怕自己的想法：「我不該這樣想，否則這會顯化在現實中。」再來，當你發現這些努力無法帶來靈性書籍所承諾的結果時，很容易會產生羞愧感，覺得是自己做得不夠正確、不夠好。作家兼演說家凱洛琳・密思（Caroline Myss）曾在早期教學中說，只要有正確信念就能顯化願望。然而到 1990 年代她在西雅圖演講時，她已經走出了這個階段。參加那場演講的朋友告訴我，密思問現場六百名觀眾：「你們當中，有誰成功創造出自己渴望的現實？」沒有人舉手。

> 當你讀到「生命被加諸在你身上」與「生命是由你掌控的」這兩個階段時，腹部可能會不自覺緊繃。請允許你察覺到的緊張慢慢鬆開。帶著微笑，讓這份鬆動一路延伸到骨盆底，然後繞向背部。

生命在你之中展開

最終，你開始看見，所有的反應與控制並沒有帶來你渴望的自在與喜悅。你不再需要當受害者，也不再執著讓生活變成特定模樣，那只是一場永無止境的掙扎。你隱約察覺生命其實是需要你去聆聽、去敞開的。這時，你便進入了下一個意識階段：生命在你之中展開。

在這個階段中，你會領悟出乎意料的事實：大多數時候，你不是在體驗生命，而是在思考生命。你看到的只是頭腦中的念頭。當你透過念頭來體驗生命，就沒有如實地經歷它。正如法國作家阿內絲・尼恩（Anaïs Nin）在她 1961 年的著作

《米諾陶的誘惑》(*Seduction of the Minotaur*)中所說:「我們不以事物的本質看待它們,而是以我們自己的樣子看待。」你把自己的咒語投射到自己和他人身上,從而錯失了事物的真實樣貌。誠實地想一想,你上次「真正看見」你所愛之人的臉龐是什麼時候?大概已經是很久以前了。

此時你也會開始明白,讓你受苦的其實不是經驗本身,而是你對經驗的詮釋。某個陰天你也許感覺平靜,另一個陰天你卻感到極度沮喪。真正讓你苦惱的不是天氣本身,而是你對於它的詮釋。

於是你開始進行我們之前提過的「轉向自己」。你不再執著於扮演生命的受害者,也不再急著改變現狀。你明白,真正的療癒只有當你把注意力帶回內在時才會發生。當你開始意識到那些造成痛苦的咒語,就能鬆開對它們的執著,重新回到生命之流。

> 請試著轉向內在,問問自己:「此刻,有什麼正等待我看見?」對此時此地的感受保持好奇。

生命為你而發生

當你越來越願意對當下保持好奇，而不是落入反應或控制的慣性中，你會逐漸領悟生命是為你而發生的。生命不是一連串隨機事件，而是一場充滿智慧的展開，精準地引領你來到最能幫助你看見並鬆開咒語的情境。無論當下發生什麼事，你終於明白生命自有安排。

與其刻意將生命塑造成你想要的樣子，不如迎接真實的每一刻。生命的流動也包括痛苦、失落與死亡，當你抗拒這些感受，它們就會轉化為苦難。而抗拒所帶來的苦難，往往比直接經歷痛苦更難承受。你若選擇逃避，只會讓掙扎之雲變得更厚；你若願意將注意力帶回當下，不論那是什麼，就會開始鬆動。

即使是日常中閃現的好奇心，也蘊含深刻的力量。每當你選擇回應內心正在發生的事，而不是立刻反應，那些被困住的能量就會開始鬆動。請記得，你的本質是自由流動的生命力。當這股生命力被困在咒語裡，你的能量與喜悅就會黯淡；當這些咒語被你的關注之光照亮，就會自然地鬆開，使被困住的能量重新流動，並帶來那份源自敞開的喜悅。請記得，生命的安排是為了讓被壓抑的部分浮現，好讓它們得以鬆開和釋放，而你也能全然參與生命。

❖

> 請閉上雙眼，讓自己停留片刻，敞開來迎接此刻的生命。聽見它，感受它，體驗它。這是你整個人生中唯一真正重要的時刻，因為生命正在發生。

生命透過你流動

在「生命為你而發生」的階段，你開始明白，生命中沒有真正的平凡時刻，它無時無刻不在對你說話。當你對自己的經驗保持好奇，並以慈悲的關注之光照亮當下，好讓它慢慢鬆開，你便進入了下一個階段：生命透過你流動。這時你會發現，生命雖然不總是討喜，卻值得信任，也自有安排。

想像一種生命狀態：你完全信任生命。每天早上醒來，你都會帶著探險的心情。你的腹部放鬆，心智保持好奇，內心則是敞開的。即使面對艱難挑戰，你不再與生命對抗，而是向它敞開。當你發現自己又落入反應模式時，你願意給予它需要的關注，好讓它慢慢鬆開。

這就好比疏通了一條阻塞的水管，讓生命的能量得以順暢地流經你。你會感受到自己長久渴望的喜悅與生命力。你從未想像過的創造力也會自然地浮現，以生命的智慧滋養你和每一個你遇見的人。

你會對一切充滿感激。你看見自己的生命是建立在宇宙歷來所有創造力的基礎上；你所經歷的一切，包括那些困難時刻，全都是你重返生命之流的一部分。一步一步，生命正帶領你走向覺察，學會全然活在當下。現在，你終於可以放鬆，迎接這場旅程。正如辛西婭．布爾喬（Cynthia Bourgeault）在其著作《神祕的盼望》（*Mystical Hope*）中所寫：「當你細緻而真切地與此刻連結，讓『當下』伸出手來引領你前行，你便逐漸走出自己的路。」

生命就是你

越讓生命流經你的內在，越放下本能反應與控制欲，你就越能靠近第六階段：生命就是你。你不再是一個分離的個體，而是完全融入生命的創造之流，每一顆石頭、每一個人、每一朵雲、每一個分子，甚至每一隻瓢蟲，一切都是你。你就是生命！艾克哈特．托勒在出版商新世界圖書館（New World Library）於 2013 年發布的官方影片〈宇宙的神聖目的是什麼？〉（What Is the Divine Purpose of the Universe?）中曾說：「你並非**活**在宇宙之中，你就**是**宇宙，它透過無數生命形式展現……每一次經驗，都是宇宙透過你的生命在體驗……它渴望透過你認識它的本質。」

❖

> **一切安好，駐足當下吧。**

這六個覺察階段的前兩個，圍繞著修正、改變、抗拒，以及試圖控制生命，也就是「生命被加諸在你身上」與「生命是由你掌控的」。這兩個階段屬於內在說書人的世界。這個說書人尚未學會敞開迎向生命，因此抗拒當下，執著於那些尚未出現的事物（例如：「只要我想得夠正確，就能顯化出想要的生活」）。在這樣的狀態中，你與生命的真實體驗之間始終隔著一層薄紗，因為你還沒有真正進入生命的創造之流。

接下來的兩個階段，重點不再是抗拒與控制，而是運用你的心智，對當下保持好奇。在「生命在你之中展開」這個階段，你會開始看見，真正讓你與生命分離的，是那位內在的說書人。所以你不再急著改變任何事，而是開始留心當下發生的事。無論順境或逆境、喜悅或哀傷，你越能全然活在當下，越能鬆開說書人的執著，也越能看清：生命自有安排，而一切正在發生的事，都是為了你而安排。

最後的兩個階段，是回到內在草原的旅程。當你越來越能實踐「生命為你而發生」，就越能放鬆地融入生命之流，感受到它透過你流動時所帶來的喜悅。隨著內在的雲霧逐漸散去，你不僅再次看見草原，也發現自己就是那片草原。生命即是你，你即是生命。

多數人會停留在前兩個階段，卻渾然不覺其中蘊藏著通往後四個階段的門扉。生命正在喚醒你，引領你從前兩階段的緊縮，走向後四階段的敞開。這不只是為了你個人的療癒，也是為了所有人。因為當你穿越內在的雲層，你的存在自然會成為一種療癒的力量。

這裡有個看似矛盾的真相：我們的確正在從第一階段走

向第六階段，也就是「生命即是你」的狀態。但在日常生活中，我們往往會同時經歷其中好幾個階段。這趟旅程的重點不是排除任何一個階段，也不是要比較對錯高低。這六個階段都是生命的一部分。隨著你的覺察持續成長，你會逐漸認出它們，並學會全然擁抱它們。

信任的本質

若想邁向覺察的後面四個階段，首先需要重新縫補對生命早已破損的信任。你或許和多數人一樣，並不真正信任生命。畢竟，生命會讓你心碎，帶來病痛，有時甚至讓人感到無法承受。如果你無法信任生命，又如何敞開自己來迎接它所帶來的一切？又如何讓它引領你一步步從尚未覺察走向覺察？轉變觀念，相信生命比你更有智慧，會幫助你重新學會對生命敞開。

我們大多都被內在說書人的話語牽著走，活在狹小而緊縮的世界裡，整天關注腦海中的雲朵，它們都是由咒語構成的念頭，讓我們無法看清當下，也看不見草原的存在。

為了讓你的覺察從這狹隘的世界中打開，我邀請你進行一場「宏觀探索」。想像自己正坐在月球上，望向地球這顆美麗的藍綠色星球，它是擁有近四十六億年歷史的生命體。接著，將視線越過它，望向那片深邃如絲絨般的黑色太空。那裡星辰密布，其數量遠超過地球上所有沙灘的沙粒總和。

現在，請將注意力帶回那顆在你眼前漂浮的藍綠色星球，凝視它的美麗，感受這星球上包括你在內的一切，都是由來自恆星的原子構成。你所看見的萬物，皆是星塵的化身。

接著，運用你的想像力，把地球的演化視為一部電影。一開始，地球只是由氣體和塵埃組成的星球。隨著畫面快速推進，你看見大氣逐漸形成，陸地與海洋浮現。原始生命在海中孕育，然後爬上陸地，大片綠意如波浪般鋪展，覆蓋過曾經貧瘠的大地。昆蟲出現，動物誕生，恐龍興起又消逝。

在這個星球的生命演化歷程中，有很長一段時間，尚未出現能夠靈活運用拇指來探索世界的生命形式。直到幾百萬年前，生命首度進化出一種生物，擁有可相對拇指（opposable thumbs）[1]與雙手，以及一顆充滿好奇、渴望理解萬物的大

1　多數靈長類都有可相對拇指，但人類獨特的拇指發展，使人類能精準抓握，做出更靈活和複雜的手部動作，這是人猿或大猩猩所無法相及的。

腦。這樣的結合使生命第一次能主動拾起萬物，加以觀察、使用，甚至轉化，成為生命前所未有的展現方式。

接著，你看見早期人類聚集成部落。隨著他們的大腦前額葉逐漸發展，他們開始發展語言、製作工具、耕種土地，建立村落與城鎮，也發明了車輪與船隻，開始踏上探索海洋與遙遠土地的旅程。

讓這部電影再次快轉，來到幾百年前。你看見你的高祖父母出生、成長、彼此相遇、生兒育女、扶養家庭，然後消失在神祕之中。這樣的循環孕育了你的祖父母、你的父母，最後是你。現在，畫面停在你自己從神祕中現身的那一刻，你來到地球上的某個地點，也就是你誕生的地方。你看見自己從嬰兒成長為幼兒，接著是青少年，然後成為大人。

接著，你的生命電影來到今天早晨，你睜開眼睛，開始一天的生活，最終來到閱讀這本書的當下。請留意，生命中無數片刻的展開，全都通往這個當下。這個當下，正是地球生命演化浪潮的最前緣。請敞開你的覺知，意識到這並不是一個平凡的時刻。此時此地，你獲得了一份極其珍貴的禮物，那就是生命本身。在這短暫的時光中，你得以存在，然後將再度回歸神祕之中，而生命仍將持續展開。

> 請暫停片刻，靜靜感受在你誕生之前，無數創造力如何讓你與你周遭的一切得以存在。

你的故事

這部關於地球生命演化的電影，其實就是你的故事。你是這顆星球歷經近四十六億年生命演化所孕育出的存在。你能以這個身體活著，是因為無數生物在你之前展現了驚人的創造力。就拿你的雙眼來說吧，它們的雛形可追溯到遠古海洋中的生物，那些生命體逐漸發展出能辨別明暗的感光細胞，這正是視覺的開端。

從最初的視覺雛形到你今天能閱讀這本書，中間蘊含了無數創造歷程。不只是你的雙眼依賴生命的巧思，你的整個生命，如同所有人一樣，都奠基於地球上每一個曾經發生的創造行動。

能夠感知這股創造力，讓生命從星塵中孕育出這顆星球、萬物，還有你，是多麼令人驚嘆。更令人讚嘆的是，就在你閱讀這本書的此刻，你的身體其實是一個由數十兆個細胞組成的共同體。它們讓血液流經超過六萬英里的血管，讓神經訊號以飛快的速度傳遞，調節荷爾蒙，修復細胞，消化食物，而這一切，全都在你未曾意識到的情況下自然運作。如果你曾懷疑是否真有某種驚人的智慧貫穿整個生命，只要認真覺察此刻你體內正在發生的一切，就能找到答案。

正因為未曾認出生命的核心智慧，你才會以為自己與它分離，也因此陷入了必須掌控生命的幻覺。而當你相信這一點時，你便與生命失去連結，也失去向生命敞開的喜悅。

其實你深信生命。你信任它讓心臟跳動、讓肺部吸入氧氣，卻又認為生命核心的智慧與你的日常無關。你和多數人一樣，陷入人類自我中心的幻覺，相信萬事萬物都必須由自己掌控。正因為這種信念上的分離，你把生命視為一連串隨機事件，覺得必須努力去塑造出理想中的模樣。

但如果事實不是如此呢？如果你明白，那股讓行星轉動、讓傷口癒合、讓春天自冬天綻放的智慧，始終存在於你生命的每一次經驗中，你的人生會是什麼模樣？你是否能敞開心來，相信這股創造性的智慧正以明與暗交織出你的人生，並賦予你從尚未覺察走向覺察所需的一切？如果你真正理解那股創造這顆星球、讓生命從海洋走上陸地的宏大進化力量，也正默默在你的人生中施展它的魔法，那會是怎樣的感受？

即使只是稍微意識到我們正在探討的這些，也足以讓你鬆開對掌控的執著，開始體會信任生命的奇妙感受。你越信任生命，就越能全心投入；你越投入其中，就越會意識到生命比你更有智慧，它正帶給你一連串恰如其分的經驗，好讓你重新回到生命本身。

> 請將目光從書頁中抬起，意識到在浩瀚的時間長河中，這一刻永遠不會重來，而你有幸親身見證它。

信任生命

當你理解生命比你更有智慧，你的生活會變得豐富有趣。你不再深陷掙扎，反而意識到一個事實：生活中沒有哪一刻是平凡的。你會對內在與外在的一切變得更加敏銳。人生如同冰山，多數人只看見水平面上的一角，但真正的變化發生在日常意識之下的深層領域。

你開車、工作、洗澡、煮飯、吵架、養育孩子、經歷出生與死亡，在這一切之中，智慧的演化從未停止，而你也是其中的一部分。你正在從尚未覺察的生命體，逐步走向具備覺察的存在，每段經歷都鋪墊著這個過程。生命為了生命而存在。正如它以陽光、雨水、授粉的蜜蜂與大地的養分讓桃樹結出果實，生命正在推動你從沉睡走向甦醒，它給予你一切所需，讓你認識覺察的人能結出的果實，也就是清醒地與生命同在的能力。

當你活在「生命為你而在」的真相中，你會開始放下「痛苦來自外在因素，例如他人、工作、身材、伴侶、健康狀況、過往經驗或你的心智」的信念。你開始明白真正讓你受苦的不是這些外在條件，而是你內在的咒語。生活的確有其艱難之處，但只要不再迷失於它們的故事中，你就能回應當下，並發現藏在其中的禮物。

隨著你逐漸覺醒，你對於改變人生不再那麼執著，而是更加關注內在經驗，尤其是那些困難時刻。你會更深刻地體會到，生命正在為你安排最適合你的情境，好讓你內在的核心咒語浮現到意識表層。唯有在那裡，你才能清楚地看見它們，觀察它們的運作，並認出它們不過是童年時被灌輸的觀念，如今你已無須再相信它們。

這些深沉而古老的咒語，就像困在你體內的香檳氣泡，當你不再抗拒去感受它們，它們便會逐漸鬆動，浮現至意識的表層，而只要它們被完整地看見，便會自然破掉，那些被困住的能量也會隨之釋放。當你對清醒活在生命中的渴望強過對咒語的恐懼時，你將不再害怕這場轉化的歷程，反而會欣然迎接它的到來。

> 請暫停片刻，留意你的腹部。允許你發現的任何緊張慢慢鬆開。輕輕地微笑，讓其帶來的放鬆感流遍全身，並讓這份鬆動一路延伸到骨盆底，然後繞向背部。

回應能力帶來的喜悅

對你的說書人而言，在面對生命中具有挑戰性的情境，例如疾病、疼痛、難相處的鄰居、強迫行為、財務危機或其他狀況，要從做出反應轉向給予回應，剛開始會令它感到威脅。說書人認為自己必須為你經歷的一切負責，因此總想做些什麼，比如修正、理解或擺脫當前的處境。然而，英語中有個頗具啟發性的說法，讓我們重新看見「責任」（responsibility）的本質：一種「回應的能力」（response-ability）。

來自咒語的舊有反應通常相當強烈，會打斷你對當下經驗的好奇心。但你會慢慢學習變得像約莫一公尺高、底部加重的充氣拳擊娃娃。當困難來臨時，你可能會像那娃娃一樣被打倒，但一次次地，你學會轉向自己，好奇地探索內在正在發生什麼事，然後重新站起來，就像那娃娃總能回彈一樣。

這正是你真正開始信任生命的時刻。你會明白那些艱難的處境其實是為你而來。正如身體會透過出汗排出病毒與細菌，你的存在也會自然釋放那些舊有的咒語。你越渴望看見它們，生命就越會為你安排能讓它們浮現的情境，好讓你能以接納的心關注它們，使它們得以鬆動與釋放。如此一來，你就不再是生命的受害者。

若要全然參與生命，你必須面對自己最害怕的內在部分。還記得第五章提到的那個藏在衣櫃裡的怪物嗎？當你終於張開眼睛去看時，你發現那不過是一堆衣服。同樣地，內在感受、身體感覺與故事，也不再是你畏懼的對象，而是你可以帶著好奇心靠近的存在。孤獨、無盡的悲傷或虛無如黑洞的感受，在你抗拒時會顯得真實而巨大；但當你願意向它們打招呼，並以慈悲心觸碰，它們就不能再像過去那樣控制你。那些被困住的能量會逐漸釋放，為你敞開通往內在草原的道路。

當你將覺察帶入日常生活，請記得，你從未真正離開過草原，你只是以為自己離開了。你所渴望的喜悅、清明與生命力，其實始終與你同在，此刻也不例外。只是你的說書人總是奪走你的注意力，讓你無法看見這一切。你越願意讓生命引領你走進能喚醒核心咒語的情境，你內在的雲層就會漸漸變得稀薄。當雲層散開，你將再次認出並且真正安住在那片草原上。

章節重點

- ☑ 生命不是因為你做對或做錯而拼湊成的一連串隨機事件。它是一場智慧的展開，始終在與你對話，也不斷喚醒你。
- ☑ 覺察的前兩個階段是「生命被加諸在你身上」與「生命是由你掌控的」，聚焦於修正、改變、抗拒與控制，也讓你與生命之間隔著一層薄紗。
- ☑ 中間兩個階段則與好奇心有關。當「生命在你之中展開」時，你開始對當下的經驗產生興趣；當你來到「生命為你而發生」的階段，你會看見生命正在安排每個情境，幫助你認出內在的咒語。
- ☑ 最後兩個覺察階段是回到內在草原的旅程。你越能放鬆、順流於生命，就越能體驗「生命透過你流動」的喜悅。當你再次與草原連結，也會認出「生命就是你」。
- ☑ 如果你對生命的智慧仍有所懷疑，不妨想想：你是由數十兆個細胞共同構成，你的心臟讓血液流經超過六萬英里的血管，而你的身體能在你毫無意識的情況下，自行癒合傷口、消化食物。

- ☑ 你未曾認出生命核心的智慧，才會以為自己與它分離。當你相信這種分離，便會陷入必須控制生命的幻覺。
- ☑ 即使只是稍微意識到我們正在探討的這些，也足以讓你鬆開對掌控的執著，開始體會信任生命的奇妙感受。
- ☑ 你的咒語就像困在體內的香檳氣泡，當你對它們的抗拒逐漸鬆動，它們就會浮現到意識表層。當它們被完整看見，那些被困住的能量也會隨之釋放。
- ☑ 當你對覺醒的渴望超越了對咒語的恐懼，你將不再害怕這場轉化的歷程，反而會欣然迎接它的到來。
- ☑ 當你能更快地轉向自己，你便真正開始信任生命。你會知道那些艱難的處境正是為你而來。你也會明白，就如同身體會排出病毒與細菌，你的存在也能釋放舊有的咒語。

憶起練習．第九週

本週宣言：

生命為我而在。

你的宣言：

____

ꕥ

憶起時光

本週的憶起時光，我們將再次回到草原的比喻。在草原上，一切都是自由流動的能量，你也不例外。生命的能量透過內在感受、身體感覺與念頭在你心中流動，你渴望的療癒就藏在這樣的流動之中。你不執著於那些輕鬆、舒適的狀態，也不需要緊抓那些讓人不適或困擾的經驗。

過去所有的憶起時光，都在引領你學習打開覺知的空間。當你不再認同心智編造的故事，你會發現自己成為那個寬廣的覺知空間，能自然地讓一切來去。

我們會從幾次深呼吸開始，先讓注意力停留在呼吸上，接著邀請你放下對呼吸的專注，轉而讓好奇心成為你實踐的基礎。這感覺有點像鬆開車子的方向盤。你可能早已習慣控制生命，甚至連此刻的練習也想控制，覺得能全程專注才算「做對」，一旦分心就等於「做錯」。但現在，請試著放下這種想法，讓當下發生的所有經驗自由流動，不被任何事情困住。一切都被允許，一切都被接納。

只要你保持好奇，各種內在活動都會如實升起，也會自然消退。你可能會發現自己的注意力被說書人帶走，連帶浮現出一連串內在感受與感官經驗，你也許會在雲層中迷失好幾分鐘，但沒關係，好奇心總會再度浮現。如果你不批判自己，就能對當下發生的一切感到好奇。

請記得，你不是要去製造某種特定的經驗。你無須思考發生了什麼，也無須抗拒或試圖改變。你真正要做的是讓心保持敞開，對當下正在經歷的一切充滿好奇。你的內在世界如同天氣，而當你學會好奇地看待它，所有的故事、內在感受與身體感覺都會如雲朵掠過天際般，自然流轉而過。

請先閱讀以下指引，再放下書本，開始探索。如果你會為練習計時，請在上週的基礎上多加一分鐘，共十三分鐘；如果不在意時間，就隨著好奇心的節奏慢慢進行。讓我們現在開始吧：

請閉上眼睛，把注意力輕輕探向內在體驗之河，感受此刻成為「你」是什麼樣的感覺。

在接下來至少三次呼吸中，吸氣時輕輕收緊肌肉；吐氣時，慢慢放鬆全身，並發出象徵釋放的聲音：啊——。

透過幾次呼吸，將注意力帶回你的呼吸循環，在心中默念那些安定、聚焦的詞語：「吸……吐……深……緩……平靜……自在……如其所是……我在當下。」（你也可以只重複：「如其所是……我在當下。」）

放下對呼吸的關注，讓好奇心成為你當下的根基。

此時此刻，任何事情都有可能發生：身體裡各種不同的感覺、腦海裡的故事、內心流動的情緒。就在這幾個寶貴的片刻裡，放下試圖改變的欲望，也不需要讓任何事發生。只要保持一份單純的興趣，任由一切自然浮現，然後穿越你而過。

剛開始，你的思緒可能會到處飄走。你也許會想到今天的行程，或者擔心自己沒有「正確地」進行這個練習。但只要你保持開放，好奇心自然會浮現，而你也會開始對內在正在出現的事物產生興趣。

你可以不時在心中輕聲問自己：「我現在把注意力放在哪裡？」請嘗試在念頭出現之前，就對當下正在浮現的經驗感到好奇。

如果你發現自己思緒頻繁飄走，回到呼吸的循環上，停留幾次呼吸，然後再一次打開你的覺察，去感受此時此地有什麼正在出現。請帶著這份好奇心持續探索，只要你還想繼續，無論是三十秒或三十分鐘都可以。

當你準備好了，請慢慢睜開雙眼。

簡易版

請閉上眼睛，把注意力輕輕探向內在體驗之河，感受此刻成為「你」是什麼樣的感覺。

在接下來至少三次呼吸中，吸氣時輕輕收緊肌肉；吐氣時，慢慢放鬆全身，並發出象徵釋放的聲音：啊——。

花幾個呼吸的時間，將注意力帶回你的呼吸循環，在心中默念那些安定、聚焦的詞語：「吸⋯⋯吐⋯⋯深⋯⋯緩⋯⋯平靜⋯⋯自在⋯⋯如其所是⋯⋯我在當下。」（你也可以只重複：「如其所是⋯⋯我在當下。」）

接著，放下對呼吸的關注，打開你的覺察。帶著好奇心去觀察此刻內在正在浮現的是什麼，允許任何出現的經驗如其所是。

如果你發現思緒飄得太遠，就回到呼吸的循環上，停留幾次呼吸，然後再一次打開你的覺察，去感受此時此地有什麼正在出現。

當你準備好了，請慢慢睜開雙眼。

第10章

心之歌

當你接受這本書所傳遞的訊息時，你內心的掙扎會突然煙消雲散嗎？這不是我自己的經驗，也不是我這些年來接觸過的絕大多數人所經歷的。正如史蒂芬．拉維曾形容的，這是一場漸進的覺醒。有人問他這會持續多久，他回答：「這是一輩子的課題。」

就像你的心臟瓣膜不斷地開闔，你的呼吸來來去去，你會記得，也會忘記；會緊縮，也會敞開。有一天你會感到非常清明，輕鬆地放下與掙扎有關的任何故事；但隔天，你可能又會陷入某個讓你感覺始終牢牢綁住自己的故事中。但請記住，你正在拼湊腦中所有故事的拼圖，好讓自己能從說書人的咒語中抽離。每一次你選擇「面對經驗」，而不是「被經驗主導」的那一刻都至關重要。

當你看見自己其實正站在那片草原上，只是掙扎之雲遮蔽了你的視野時，你將會對自己當下所經歷的一切，帶著更多慈悲與好奇。你也會記得把挑戰交託給生命，好讓生命核心的智慧來引導並支持你。這將引領你走向一個地方，在那裡你可以單純地向生命敞開，進入它的流動，越來越深刻地體會輕鬆與喜悅。

四種接納心態

我們可以將先前所探索的一切，濃縮為「四種接納心態」，這將幫助你清晰而純粹地回應當下經歷的各種敞開或封閉狀態。

- 順應生命
- 順其自然
- 放掉執著
- 全然放開

「順應生命」是一扇門，讓你走出說書人的慣性反應。你學會將挑戰交託給生命，讓生命的智慧支持你走過每一步。

這會引領你進入「順其自然」的好奇狀態。你不再與經驗對抗，而是在那份內在的寬廣中，探索當下發生的一切。你能以慈悲的關注療癒那些咒語，使它們得到釋放。

當你願意「放掉執著」，便能在咒語升起時放掉它們。因為你已經用足夠的好奇心與慈悲心去面對它們，它們能夠穿越你，而不再將你困在過往的故事中。

接下來，你開始「全然放開」。當內在的掙扎之雲逐漸變得稀薄，你終於能安住在草原上。當你向此刻敞開，便能放鬆身心，與生命融為一體，讓它自在地穿越並透過你綻放。

這四種接納心態呈現出一段覺察的進程：從「順應生命」開始，幫助你在被說書人困住時找到出口，一路走向「全然放開」，在那裡你對生命徹底敞開、毫無阻礙。

順應生命

在你人生中的許多時候，反應來得太快，你根本還不知道內在發生什麼事，就已經陷入掙扎之雲，覺得自己無法從各種感受和故事中脫身。也有些時候，你感覺自己變得緊繃，於是注意到自己陷入某個情境，卻不清楚內在究竟發生什麼事，也抗拒轉向自己去面對。還有些時候，就算你用盡各種覺察的方法，內在的抗拒反而變得更加強烈。

當你處在這樣的緊縮狀態時，很容易被咒語迷惑，例如：「我沒把生活過好」、「這種情況永遠無解」、「我不夠好」、「為什麼這種事老是發生在我身上」。每當這種緊縮出現，你會覺得自己快被某種力量吸進那些咒語裡，彷彿內在的每一部分都想要認同它們。但如果你已經在生命中走過這條路很多次，你會知道，那只會帶來更多的痛苦。

這正是「順應生命」的時刻。它帶來的第一份禮物，是願意坦承自己被困住，並且對內在反應感到無力。與其被反應牽著走，你有意識地停下來，承認自己正處在掙扎之中。這樣的覺察看似微小，卻蘊藏著巨大的力量。當你說出「我發現自己被反應牽著走」，就等於從掙扎中跨出了半步。

它帶來的第二份禮物是願意向生命提問。不論掙扎之雲多麼狂暴、生活多麼混亂，你從未真正遠離過那片內在的草原。只要你向生命智慧請求援助，它就會為你顯現。

請記得，提問的目的不是為了找出答案，那只會讓你繼續困在心智裡。真正的提問，是向生命敞開自己，例如：我現在需要面對什麼？我要如何走過這段經歷？我準備好要看見什麼？這樣的提問會為生命騰出空間，好讓它在準備好的時候，透過你自然浮現出答案。每一次提問都算數，尤其是在那些你覺得什麼都沒發生的時刻。

> 請做一次悠長的深呼吸，並想像一種可能性：你並不是獨自一人在跳生命之舞。

順其自然

隨著你逐漸覺醒，你會越來越常對自己的內在狀態感到好奇，特別是在你產生反應、陷入緊縮或與生命失去連結的時候。你開始願意轉向自己，將注意力帶回內在，允許當下發生的一切如實存在。這就是「順其自然」。它的核心是不再抗拒正在發生的事，好讓各種反應慢慢平息。如此一來，你才能更清楚地看見內在發生了什麼事，也更容易與之連結。

真正的轉化會在這個「允許一切如其所是」的空間裡發生。咒語就像人一樣，當你越想修正、否認、批判或擺脫它們，它們就越會抗拒你。但當你願意承認它們的存在，並傾聽它們看待世界的方式，它們就會感到被理解。而在你準備好放下時，它們也更有可能鬆開。

說書人的預設反應是抗拒，剛好和「順其自然」背道而馳。還記得第五章和第六章提到的嗎？你越是想逃離正在發生的事，說書人的掙扎就越劇烈。相反地，如果你帶著好奇心轉向自己正在經歷的一切，讓空間浮現出來，療癒就會在那裡發生。

「順其自然」的關鍵在於「允許」。只要你還在抗拒某件事的存在，就無法真正看見或傾聽它。你需要明白，自己對生命的每一個反應背後，都藏著一些咒語，它們正等待你願意與之同在，好讓自己得以鬆開。當你能說出：「這一刻，我允許內心所發生的一切如其所是，讓我可以給予它們關注」，就是對「順其自然」最清楚的體現。

「允許」相信，生命始終支持著生命。「允許」明白，那些讓我們緊繃的事情，其實都是成長的契機。你不需要為任何事情感到害怕或羞愧，只需要敞開自己去探索與看見：咒語的本質，是被困住的能量。「允許」讓你能真實地參與自己的人生，並將注意力帶向那些被困住的能量，使它們得到釋放。

以焦慮為例。假設這是你時常經歷的感受，每當它出現，總會令你感到抗拒、喘不過氣，只想趕快擺脫它。但其實你心裡明白，不論你怎麼努力，頂多只是暫時緩解，無法真正帶來長久的安定感。當你願意「順其自然」，你會將注意力轉向焦慮本身，好奇地探索是什麼讓你感到焦慮。如果你能持續待在其中，焦慮會慢慢鬆動。即使它再次出現，你不再像過去那麼害怕，於是它也能更快地穿越你而去。

有時候，要對某件事「順其自然」並不容易，因為你早已習慣抗拒與控制。為了接納以及探索當下的經驗，可以試著轉換視角，想像這份經驗是你自己選擇的。比方說你正在經歷流感，整天病懨懨的，這時可以對自己說：「這是我覺醒旅程的一部分，我選擇與它同在。」有了這份接納與包容，你對流感的經驗將會截然不同。

如果這個方法不管用，不妨再度轉換視角，想像這份經驗是生命為你選擇的。生命安排你來到當下的經驗，而你的任務就是把覺察聚焦在這裡。當你這麼做，你所經歷的痛苦就有機會被轉化為自由流動的生命力，而這股生命力正是你的本質。

這兩種轉換視角的方法，能讓你走出受害者狀態，並且開始練習有意識地凝視自己的經驗。這就是「順其自然」的核心。

> 請暫停片刻，聆聽披頭四樂團（The Beatles）的〈Let It Be〉。細細品味這首歌所傳遞的智慧。

放掉執著

當你越來越能透過「順應生命」與「順其自然」洞察自己的咒語時，就越容易在咒語出現的當下及時看清與抽身。這會進一步帶你「放掉執著」，開始以柔軟的態度與咒語同在，讓它自然地穿越你而過。

再以焦慮為例。當你不再認同咒語並說出「我很焦慮」，而是透過「順其自然」來探索它時，你會看見焦慮只是被灌輸的內在信念。此時你可以說：「這只是焦慮，我不需要因此變得緊繃。」你不想再被焦慮的故事左右，也不想再抗拒它的能量。你只是放下它，然後把注意力帶回到生命本身。請記住，你不是這些咒語。你是那個能夠看見咒語的人，而你越能看見它們，它們就越無法影響你。

有時候，要對咒語「放掉執著」並不容易。但當你把全部的注意力帶向這些糾結的能量，你會逐漸看見它們的轉化。你也會更加明白，沒有任何咒語值得你緊閉心扉。封閉只會把咒語困在心裡，也把你的喜悅一併禁錮。你更渴望的是對生命保持敞開，而不是持續活在咒語的牽制裡。

從咒語中解脫，是生命中最喜悅的經歷。即使只是稍微鬆開一點，也足以帶來深遠的改變。我們內在的確會有股很深的衝動，想要緊抓住那些咒語。請讓辨認咒語並放鬆下來成為你的熱情，不再對抗它們，而是讓它們自然地穿越你。你花了大半人生學習認同咒語，因此很容易又陷進去。但當你培養更多慈悲心與好奇心時，那股不再被咒語束縛的意願也會變得更強烈。當你願意讓生命成為「允許一切穿越你而過」的旅程，你將重新認出自己與生俱來的喜悅狀態。

❖

> 現在，請放下書本，把注意力帶回呼吸。吸氣時輕輕繃緊身體；吐氣時，慢慢放鬆，讓一切隨呼吸釋出。你可以重複這樣的放鬆呼吸幾次，然後帶著微笑，靜靜地面對當下的自己。

全然放開

透過「順應生命」、「順其自然」與「放掉執著」，那些掙扎之雲逐漸散去，你開始看見真實地活出生命所帶來的安全與喜悅。生命不再只是概念，而是當下的真實體驗。這會引領你走向「全然放開」，那是一種放鬆地融入生命的喜悅。透過「全然放開」，你不再試圖掌控或操縱，而是更願意對生命保持敞開。你明白名為生命的巨河早在你誕生之前就已流轉不息，也將在你離開之後繼續前行。你領悟到生命會自然展開，不需要你去推動它。你也學會退後一步，靜靜見證它的展開。正如佩瑪・丘卓所說，覺醒就是「放鬆地融入生命」。

「全然放開」這四個字，簡單卻有力，正是這本書的核心精神。它是一句可以放在心裡反覆低語的真言。當你願意全然放開，讓生命自然流動，你就不再需要用理智去對抗它。當內在緊繃升起時，只要輕輕對自己說一句「全然放開」，那份掙扎便會慢慢鬆動。

你從小就習慣害怕生命，並且相信你的任務就是掌控它，把它變成你認為應該有的模樣。然而，這麼做只會讓自己過得緊繃又狹隘。你總是忙著把下一件事做好，卻錯過了真正與生命同在的機會。如果你對自己誠實，就會明白那些想要把未知變得可控，讓自己停留在掌控幻覺中的努力，從未帶給你真正渴望的恆久平靜。

有一位西藏喇嘛曾經對作家安德魯・哈維（Andrew Harvey）說過：當你真正看清楚這一切，你一定會笑出來。我們一直試著控制那些根本無法控制的事，讓自己困在一團死結裡。我們就像蚊子伏在大象背上，妄想控制大象的行進方向，最後只能沮喪地發現，一切從來都不在我們的掌控之中。當你終於願意放下控制，真正投入這段生命旅程，你會發現喜悅一直都在。甚至連那些最具挑戰性的時刻，如今也會再次把你帶回內在的草原。

與其困在由恐懼驅動、讓你變得緊縮又狹隘的心智中，是時候擴展並敞開自己，去看見你此生最安全的選擇，就是全然參與這段被賦予的生命。這也許會讓你感到害怕，畢竟你早已習慣由概念構成的世界，相信心智能夠主宰生命。當你把這項根本無法完成的任務交給心智，它就像多數人的心智一樣，變得越來越自我中心、越來越焦慮不安。迷失在說書人的掙扎裡並不好受，因為它幾乎整天都只關注自己。當你意識到生命比你更有智慧，就能再次回到它的懷抱。

多數人因為害怕生命，而相信自己的心智比生命更強大。但是請問問自己：是你讓自己的心臟跳動嗎？是你創造了自己的雙眼嗎？是你讓寒冬化為春天嗎？是你讓皮膚上的傷口癒合嗎？不是的。是生命的力量在創造與安排你的人生，而生命值得信任。沒錯，生命包含死亡、疾病與失去，但當你拒絕信任、選擇封閉，那份痛苦遠遠超過你在敞開中可能經歷的一切，甚至包括最艱難的時刻。

當你明白生命比你更有智慧並且自有安排，你就不再只活在自己的心智裡。這並不代表你不再使用心智，而是你不再讓它操控你，不再讓它透過永無止境的掙扎遊戲將你與生命隔絕開來。你的心智是一個精妙的工具，能夠幫助你在人生中前行，但它對生命的各種念頭並不是生命本身。心智真正的功能，是全然地與生命同在，而不是試圖控制它。

❖

> 請暫時放下書本，單純地向生命敞開。請記住：此刻所發生的一切，是全然嶄新的，在這個星球上從未出現過。你不需要去思考，只需要靜靜地接收，讓自己沉浸其中。請放心地將自己交託給這條名為生命的巨河吧。

你渴望全然參與時時刻刻都在展開的生命旅程，就連閱讀這本書的時候也不例外。生命正在把「活著」這份禮物交到你手中，而此刻你得以見證它的展開。這場流動的旅程是你的生命，獨一無二，只屬於你。終有一天，你將無法再親身經歷它，而生命依然會繼續流轉。這樣的覺悟喚起你內心深處的熱忱，讓你想要深深聆聽每一刻所吸引你的事物：鳥的鳴唱、美好佳餚、腹部疼痛、喜悅的人、受苦的人、腦海中的恐懼，甚至你的死亡，因為這些全都是你的生命。

當你開始熱愛生命，你就不再抗拒一切事物的流動，這正是「全然放開」的核心。你開始讓越來越多的時刻自由地穿越你而過。耶穌會神父兼心理治療師安東尼・戴邁樂（Anthony de Mello）稱這是「全然與無可避免的事合作」。生命的豐盛來自願意真實地活出生命。與其抗拒，不如擁抱。活出你的生命吧。當你擁抱每一段經歷，喜悅便會自然升起。正因為你明白世間萬物皆無常，包括這顆星球本身，你才能如此敞開自己。人類、動物、事件與經歷終將消逝，再次回歸神祕的本源。請勇於接受消逝，才能真正活著。

你越是「全然放開」，就越能向生命敞開自己。你與生命之間會產生一種親密感。你會發現生命不再是一連串待解決的問題，而是一場探索之舞，最平凡的事物也能帶來深刻感動。你也會滿懷喜悅地發現，越能安然接受當下的一切，就越能看見一切都很好。你開始感到從容與安定，並且願意放下那個總是擔心未來的自己。

當你開始信任生命這份深不可測的奧祕，也就願意在黑暗中摸索前方的路。你明白一切皆有可能，沒有什麼是真正確定的。即使無法預知下一刻會發生什麼也無妨，因為你已經擁有人類最珍貴的禮物，也就是**真實地與當下的生命同在**。你不再一味地思考與計畫，而是開始感受生命的能量。你發現生命始終在流動，而你學會信任它的節奏，讓它指引你前行。在這樣的旅程中，內在的說書人逐漸安靜下來，你的心開始成為真正的嚮導。

我的另一本著作《生命的魔法森林》（*The Magical Forest of Aliveness*），探索了這趟回到生命本源的旅程。這是一本寫給大人的童話故事（雖然許多讀者說他們的孩子也深深喜愛），講述一位名叫蘿絲的小女孩，被困在一座名為「心智」的村莊裡。某一天，她終於找到出路，離開村莊，回到那片充滿生命力的魔法森林。她在森林深處的一片空地中，重新找回了真實的自己。接著，一隻獅子、一隻老虎和一隻大熊，教會她如何覺察並敞開心來迎向生命。

當蘿絲準備返回村莊時，過往的恐懼忽然浮上心頭：「我無法敞開自己迎向生命。那感覺像是我什麼事都做不了，只會變成一個任人欺負的人。不是會發生壞事，就是什麼事都不會發生。」但是此刻，蘿絲不僅能感受到讓她緊繃的念頭，也能從它們所編織的故事中走出來。

當她望向田野彼端的村莊時，「不知道」這幾個字像療癒的良藥般浮現在她心中。當她還被困在「心智」之村時，這幾個字只讓她感到恐懼與無助。但是此刻，這幾個字來自生命的智慧。「我真的不知道未來會發生什麼，我也不需要知道。生命會以它的方式自然展開。我曾經執著於搞清楚一切，所以困在自己的頭腦裡。現在我明白不必知道一切，反而讓我敞開迎向生命的偉大奧祕。」

> 請閉上雙眼，深深吸一口氣。然後，在緩慢悠長的吐氣中，輕聲說：「我不知道。」讓這句話隨著整個呼氣自然流動。只要你需要，就重複一次，以這份「不知道」的呼吸，靜靜陪伴自己。

這四種接納的態度，引領我們看見人類最重要的選擇：是運用心智去掌控，還是用它來連結。事實上，這幾乎是你唯一真正擁有的選擇。你可以活在心智的故事與咒語中，讓它們交織成一片片掙扎的雲朵，也可以選擇活在當下，讓生命自然展開，並以熱情而慈悲的心，把注意力投入其中，與它自在互動。人生總會有挑戰，但當你放鬆下來，不再困於咒語，而是與生命共舞，一切將變得輕盈許多。

活出你的心

我們所探索的一切，都是為了讓心的智慧取代心智成為你生命的指引。當你學會傾聽內在的心，生命將會呈現出截然不同的面貌。還記得第七章嗎？當時我們邀請你想像一位你深愛的人，感受胸口的能量如何轉變。那股能量會擴展、敞開，甚至閃耀光芒。當你長時間停留在深愛的感受中，整個身體也會發光。你身上的每一個細胞都會回應這顆敞開的心。你的內在、你愛的人、陌生人，甚至植物與動物，都會因為被這顆敞開的心觸動而蓬勃茁壯。

當你的心成為生命的指引時會是什麼模樣？那是一種開放的狀態，不像心智那樣製造分離與對立。描述以心為指引的生命時，我們會想到這些詞：**允許**、**寬廣**、**好奇**、**玩心**、**自然流動與信任**。當你的心智逐漸回歸內在的心，你會更重視保持真實、說出真相、不抗拒現實、回應而非反應、對當下懷有好奇心、享受靜謐與寧靜、不固執己見，學會傾聽與欣賞生命本來的樣貌。當你讓心來指引生命，你會在那片幸福草原上茁壯，成為這個世界的療癒力量。

當你的心智逐漸被那顆敞開的心擁抱，你會開始以自己一直渴望的方式去體驗生命：自在地愛與被愛，在每一處看見愛的喜悅，並對最微小的事物心懷深深的感恩。我們曾經探討過，愛是我們存在的本質，但因為我們未曾看見這點，所以內心始終處於飢渴的狀態。就像一條在海洋中的魚卻渴望著水，我們將整個人生變成一場對愛的追尋。只要你聆聽大多數流行歌曲的歌詞，就會察覺人類對愛的渴求是多麼深切。

「勇氣」的本意是「源自內心」，當你擁有面對咒語的勇氣，就會開始發現心的力量，並意識到你一生渴望的愛，其實來自與自己的深刻連結。當你願意敞開心扉，完整地接納自己，不將任何咒語、身體感覺、內在感受或念頭排除在外，你的身與心自然會綻放愛的光芒。

來自他人的愛永遠無法真正填補你內心的渴望。唯有當你真正認識自己，那股渴望才會安歇。與你在體悟**自己就是愛**時所湧現的深刻愛意相比，外界給予的愛只是滄海一粟。

你源自那股賦予萬物生命的能量，你身體裡的每一個原子都充滿光，而光的展現就是愛。當你從掙扎中抽身，安住於愛當中時，你將真切體驗到那份源自你本質的光芒。

接著，一場奇妙的轉變悄然展開。你不再苦苦追尋愛，而是逐漸明白，生命最深的喜悅就是**成為愛**。當你深刻領悟自己的使命就是成為愛，另一個轉變也將隨之到來。你進入了那個由給予與接受構成的偉大循環，也就是愛本身。你付出的愛越多，回到你身上的也越多，而你也會在萬物之中看見愛。

這份愛會自然擴展，將所有人都納入其中。你會明白這世上其實只有一個「我們」，而我們全都在這趟旅程中彼此相連。生命就像一棵龐大的樹，長滿數十億片葉子，每個人都是其中一片，與其他葉片同根共生、緊密相連。我們目光所及之處，都是那股貫穿萬有、賦予生命的存在。

你遇見的大多數人都還沒看見自己的本質，並且困於咒語之中，使內在的光芒變得微弱。然而當你用心去觀察，你會看見他們真正的模樣。馬克．路尼（Mark Lowry）和巴迪．格林（Buddy Greene）共同創作的聖誕歌曲〈瑪利亞，你知道嗎？〉（Mary, Did You Know?）中問道：聖母瑪利亞親吻嬰兒耶穌時，是否知道她親吻的是上帝的面容？看到上帝的面容出現在嬰兒耶穌身上固然令人感動，但當你真正覺醒於愛的真相時，你會在每個人身上都看見祂的面容。

當你用心去生活，就會自然而然地向所有人敞開。不論是超市的收銀員，塞車時旁邊車裡的人，還是你最親愛的人，你都會將自己完整地交託於當下，與他們同在。不管他們被咒語困住得多深，或曾做過哪些不夠有智慧的事，甚至是否曾經傷害你，你依然能夠理解，他們正在以自己所知道最好的方式活著，只是還被困在他們根深柢固的咒語中。當你用心與他人相處，讓你眼中的愛與理解照見他們的本質，那些籠罩他們的掙扎之雲也會逐漸散去，而你則成為這個世界上的覺醒力量。

這樣的愛也會進一步擴展，將所有生命形式都納入其中。你會逐漸明白，萬物的源頭皆來自生命核心的智慧。人類如同生命之樹上的葉子，共同汲取滋養，而其他生命形式也不例外。無論是人、感受、念頭、植物、昆蟲、石頭、青草、海豚、星辰，或是你的孩子，萬物皆從神祕中誕生，並由同一股能量賦予生命。這些存在都值得你用寬廣、包容與接納的心對待。在這樣的狀態下，你會活出自己真正的本質：熱愛一切如其所是的人。

萬物表面上看似彼此分離，但你能看見它們之間深刻的連結。一切都連結於生命之樹的根，而那就是愛的泉源。生命的每一種展現，就如同你心臟中的一顆細胞，雖然這顆細胞是獨立的個體，但若沒有整顆心臟的存在，它就無法存活。而心臟也仰賴整副身體的支持，這副身體同樣依附在更大的生命共同體之中。

當你用心去生活，就像在一片感恩的海洋中悠游，不再把任何事視為理所當然。你會對一切充滿感激。你感謝大地每天提供的食物，也感謝讓這一切發生的眾多自然力量。你感謝這副身體，讓你能透過感官體驗生命。你感謝自己擁有視覺與聽覺，因為失去這些感官會徹底改變生活的樣貌。你感謝自己能夠行走，明白並非每個人都能如此自由地移動。你甚至學會對生命中的挑戰心懷感恩，因為你明白這些困境會幫助你鬆開咒語，讓你更完整地活在此時此地。對一個人來說，幾乎沒有任何喜悅比活在感恩之中更深刻。

當你能將萬物視為愛的展現，不論是河流、人群、四季、身體，還是生命中的挑戰，你就已回到內在的心。當生命從需要掌控的事物，轉變為值得去愛的存在，你便不再感到分離與孤單，因為你的心會幫助你重新融入生命。你開始熱切渴望全然參與生命，用心經歷每一刻。當你有這樣的敞開，其他一切便不再重要。即使你再次陷入咒語，失去與生命的連結，你也知道如何用愛回應它們，重新回到當下。

> 請在心中想像地球的模樣，讓它的美觸動你。想像青翠的山脈、湛藍的海洋與金黃的田野。然後，想像地球上數十億人，此刻正在走路、開車、睡覺、工作、出生、死亡、歡笑或哭泣。大多數人的腦海都被雲層籠罩，使他們無法看清生命的本來面貌。
>
> 接著，想像有一位已經走出雲層的人，站在另一位還困在雲層中的人面前，以心真誠地觸碰對方。那股來自心的能量開始讓對方的雲層散去，使他重新回應生命的召喚。你看見這兩人再向另外兩人走去，帶著心的療癒力量與他們同在。這份轉化持續擴展，蔓延整個地球。越來越多人走出雲層，重新踏上他們內在的幸福草原。請知道，你的

> 生命就是這場療癒進程的一部分，而這正在我們的星球上悄悄展開。

信任療癒的過程

你無須刻意尋找你的心，因為它一直都在，只是被說書人那無止境的掙扎遮住了。試圖找到自己的心只是另一片雲朵。你準備好迎接的療癒，不是來自改變任何事，而是來自願意以寬廣的心，對當下的一切保持好奇。當你這樣做，雲層便會逐漸消散，你內在的草原也會重新顯現。

這確實需要耐心，而耐心並不是說書人擅長的事。耐心意味著「安靜且穩定的堅持，平和且細緻的照顧」。正如我敬重的一位老師所說的：「覺醒最重要的是持續走下去。」

對大多數人而言，覺醒是緩慢而穩定的進程。它的聲音細微，幾乎無法與喧囂的說書人相比，但那份覺醒確實存在。它就像黎明前的微光，不會瞬間明亮起來，而是從黑暗逐漸轉亮，直到星辰悄然淡去，白晝的光芒才會照亮大地。

因此，不要期待立刻覺醒，但要明白生命正在喚醒你。若非如此，你也不會對這裡的內容產生共鳴。印度覺醒導師拉瑪那尊者（Ramana Maharshi）曾說過，覺醒所需要的僅僅是願意覺醒的心。你正在閱讀這本書，這表示這份意願早已存在你心。無論你此刻的生命境況為何，生命正在一步步喚醒你，引領你走出掙扎之苦，再次回歸生命。

你可以信任生命的流動，它始終為你而在。從時間之初便塑造星辰、孕育大地、從神祕中把你帶來世界的智慧，如今正讓你得以呼吸。只要你再踏出一步，就會發現這同一股智慧正引領你一步步展開人生。你內在的草原不會辜負你，它正在無聲地耕耘，一步步帶你認識真正的自己。

你越是信任生命，越能全心參與自己的生命。你所能擁有最有意義的關係，就是你願意與生命所賦予的一切建立連結。你越願意保持好奇和接納，就越能發現：通往自由的道路就在你的腳下，因為阻礙即是道路。只要你願意對此刻保持好奇，生命就會持續帶領你回到真實的自己。那個時候，你會成為有意識的存在，得以見證與讚頌這場名為「生命」的奇蹟，而這正是人類被創造來體驗的完整樣貌。

章節重點

- ☑ 就像你的心臟瓣膜不斷地開闔，你的呼吸來來去去，你會記得，也會忘記；會緊縮，也會敞開。
- ☑ 「順應生命」是將挑戰交託給生命，讓生命的智慧支持你走過每一步。
- ☑ 「順其自然」是不與當下的經驗對抗，讓你得以在開闊中探索正在發生的事，並將心的療癒帶入其中。
- ☑ 「放掉執著」能夠讓你在咒語升起時放掉它們。請讓辨認咒語並放鬆下來成為你的熱情，不再對抗它們，而是讓它們自然地穿越你。
- ☑ 「全然放開」使你放鬆身心，讓生命自然地流經你，你不再用理智去對抗它，而是選擇全然地敞開。
- ☑ 你越能全然放開，越能真正參與生命。生命不再是一連串待解決的問題，而是一場探索之舞。
- ☑ 我們所探索的一切，都是為了讓心的智慧成為你生命的指引。描述以心為指引的生命時，我們會想到這些詞：允許、寬廣、好奇、玩心、自然流動與信任。

☑ 當你願意敞開心扉，完整地接納自己，不將任何咒語、感受、情緒或念頭排除在外，你的身與心自然會綻放愛的光芒。

☑ 這世上其實只有一個「我們」，而我們全都在這趟旅程中彼此相連。生命就像一棵龐大的樹，長滿數十億片葉子，每個人都是其中一片，與其他葉片同根共生、緊密相連。我們目光所及之處，都是那股貫穿萬有、賦予生命的存在。

☑ 萬物都值得你用寬廣、包容與接納的心對待。在這樣的狀態下，你會活出自己真正的本質：熱愛一切如其所是的人。

☑ 不要期待立刻覺醒，但要明白生命正在喚醒你。

☑ 你可以信任生命的流動，它始終為你而在。從時間之初便塑造萬物的智慧，不只創造星辰，孕育我們稱為地球的美麗家園，也從神祕之中帶你來到這個世界；這股智慧如今也讓你得以呼吸。

憶起練習・第十週

本週宣言：

我擁抱此刻真實的生命。

你的宣言：

∽

憶起時光

在過去九週的練習中，你把注意力輕輕探向內在體驗之河，透過讓心智安靜下來以及敞開心扉，你已經學會如何與當下的自己同在。本週的練習將延續我們熟悉的方式，你也可以依照內心的直覺，發展出屬於自己的方式。不論你選擇沿用既有方式，還是創造屬於自己的方式，這一週的練習會在這些基礎上加入一個新的步驟。如果你習慣為練習計時，請預留十四分鐘進行練習。

如果你想以自己的方式進行，下方列出了我們在前幾章所探索的練習技巧。若你想直接使用建議方式，可以略過接下來兩段，前往「建議方式」段落繼續。

練習內容複習

- 在每一次吸氣時收緊全身肌肉，然後在吐氣時完全放鬆，同時發出釋放的聲音：啊——。
- 敞開自己，迎接吸氣的進入與吐氣的釋放。隨著呼吸的節奏，在心中默念：「吸……吐……深……緩」。
- 先從鼻子吸氣，再從嘴巴輕輕吐氣，以延長吐氣時間。當你熟悉這個節奏後，試著改以鼻吸鼻吐。
- 在呼吸循環中，一旦注意到自己又被說書人牽著走，觀察當下是否浮現過去或未來的故事。如果是關於過去，輕聲對自己說「過去」；如果是未來，說「未來」；若無法立即分辨，或只是恍神了，說「故事」。然後把注意力帶回呼吸。
- 將注意力帶向你經常感到緊繃的部位，不要急著逃避，請帶著好奇心觀察那裡正在發生什麼事。在你的持續關注之下，感覺會像拍立得照片般逐漸顯現。

- 吸氣時心中默念「如其所是」，吐氣時說「我在當下」，提醒自己擁抱內在的每一個部分，讓它們得到慈悲與關注的滋養。
- 將注意力重新帶回呼吸，在心中重複：「吸……吐……深……緩……平靜……自在……如其所是……我在當下」。
- 探索並創造一組屬於你自己的詞語，隨著呼吸節奏默念，成為你的內在支持。
- 當你發現自己不再完全與呼吸同在時，不妨帶著好奇心觀察：此刻是什麼吸引了你的注意力？對你察覺到的內在感受／身體感覺／故事說：「我看見你了。」然後放掉執著，重新回到呼吸。
- 當你發現注意力離開了呼吸循環時，問問自己：「此刻，是什麼正在渴望被我看見？」如果你察覺到內在感受／身體感覺／故事，以接納的心去探索，並且對它說：「我看見你了。沒關係，你可以在這裡。我想更了解你的世界。」這些話邀請你與當下經驗同在，並給予它來自心的療癒。

- 讓好奇心成為你內在的根基，好讓你能夠與升起的內在感受／身體感覺／故事同在，讓它們自然地穿越你而過。

設計你的練習方式

在為自己量身打造練習方式時，請傾聽內在的聲音，探索什麼最適合你。隨著你每天給予自己一段安靜的時光，你會發現這種練習是具有生命力的。有時候，你可能整段時間都沉浸在呼吸的循環裡。有時候，你會發現自己足夠安定與開闊，幾乎不需要將注意力集中在呼吸上。有時候，或許你會好奇是什麼吸引了你的注意力，讓你不再專注於呼吸。還有些時候，你能做的也許只是把一切交託給生命。無論如何，請總是以呼吸作為你的起點。在練習的尾聲，請這麼做：

請張開雙眼，完全敞開地迎接此刻的生命。用全新的視角看待這一刻，彷彿你從未見過它。你生命中千萬個瞬間都引領你來到這裡，這一刻不會再重來。細細品味這份獨一無二。全然放開你與當下之間的所有遮蔽，讓自己安歇在生命之流中。

請記得，恐懼可能會升起。心智害怕失去控制，因為它早已忘記還有另一股力量正在運作。生命原本就由愛組成，每一段經歷，都是為了你而在。當你願意敞開自己迎向生命，你會發現這是你做過最安全的事。因為這一刻，就是你的歸屬。

建議方式

請閉上雙眼，把注意力輕輕探向內在體驗之河，感受此刻成為「你」是什麼樣的感覺。

在接下來至少三次呼吸中，吸氣時輕輕收緊肌肉；吐氣時，慢慢放鬆全身，並發出象徵釋放的聲音：啊——。

將注意力帶回你的呼吸循環，在心中默念那些安定、聚焦的詞語：「吸……吐……深……緩……平靜……自在……如其所是……我在這裡。」（你也可以只重複：「如其所是……我在這裡。」）

接著，放下對呼吸的關注，讓好奇心成為你此刻的根基。允許所有內在感受／身體感覺／故事升起並穿越你而過。

如果你發現自己的注意力開始飄移，回到呼吸的循環上，只要你還想繼續，哪怕整段練習都沉浸在呼吸中也沒關係。請信任你當下所處的位置。當你越來越能體會自己不需要控制任何經驗時，你的覺察就越能自然地擴展，並以好奇心迎接那些流經你的內在感受／身體感覺／故事。

在練習的尾聲，請張開雙眼，完全敞開地迎接此刻的生命。用全新的視角看待這一刻，彷彿你從未見過它。你生命中千萬個瞬間都引領你來到這裡，這一刻不會再重來。細細品味這份獨一無二。全然放開你與當下之間的所有遮蔽，讓自己安歇在生命之流中。

請記得，恐懼可能會升起。心智害怕失去控制，因為它早已忘記還有另一股力量正在運作。生命原本就由愛組成，每一段經歷，都是為了你而在。當你願意敞開自己迎向生命，你會發現這是你做過最安全的事。因為這一刻，就是你的歸屬。

簡易版

請閉上雙眼，把注意力輕輕探向內在體驗之河，感受此刻成為「你」是什麼樣的感覺。

在接下來至少三次呼吸中，吸氣時輕輕收緊肌肉；吐氣時，慢慢放鬆全身，並發出象徵釋放的聲音：啊——。

將注意力帶回你的呼吸循環，在心中默念那些安定、聚焦的詞語：「吸……吐……深……緩……平靜……自在……如其所是……我在這裡。」（你也可以只重複：「如其所是……我在這裡。」）

接著，放下對呼吸的關注，讓好奇心成為你此刻的根基。允許所有內在感受／身體感覺／故事升起並穿越你而過。

如果你發現注意力飄走，回到呼吸的循環，停留幾次呼吸，再一次打開你的覺察，去感受有什麼正在出現。

請張開雙眼，用全新的視角迎接此刻的生命。

結論

爲生命而覺醒

我們這一路所探索的內容，包括內在草原的本質、說書人如何讓人失去連結，以及認出並看清咒語之後，如何重新安住於草原之中。這些都是為了引領你再次敞開，迎向生命的創造之流。這是一種對生命說「好」的態度。這並不表示你要被動地坐在路邊，讓生命碾過你，而是打從內心深處知道，每一件事都是為了你而發生。生命從來不是一連串的隨機事件，生命是一個充滿智慧的歷程，它知道自己在做什麼，而你可以安心地向它敞開心扉。

當你願意向生命敞開，就能真實地參與當下發生的事。我們可以稱之為「臣服」，這並不意味著被打敗，而是終於停止與生命帶來的一切對抗。我們也可以稱之為「謙卑」，但字典對這個詞的定義，像是「卑微」、「溫順」、「服從」，都沒有觸及它的本質。真正的謙卑，是隨時準備好回應生命的開放狀態。當你進入這樣的狀態，你將深刻體會生命多麼有智慧。這份敞開也讓人從那個總想掌控的心智，轉向那顆願意連結的心。

那麼，生命值得信任嗎？作家、演說家、哲學家艾倫·沃茨（Alan W. Watts）曾說：「對於真正覺醒的人而言，宇宙此刻的樣貌，不論整體或局部，都已圓滿至極，不需要額外的解釋或辯護，它就是如此。」換句話說，你可以放心地敞開自己，與生命同在。

你所能做出最勇敢、最療癒的事，就是敞開心接受事物真實的樣貌，而不是執著讓生命符合你認為的模樣。當你逐漸看穿掙扎遊戲，撥開你與這個奇蹟般、璀璨生動的當下之間的雲層，你便成為這個世界上的一股療癒之光。那些你與生命完全連結的時刻意義重大，甚至遠超過你所能想像。它們正是療癒世界的能量泉源。

掙扎的心智一直在這個世界占據主導地位，使人們誤以為分離是一種價值，於是落入恐懼當中，深信唯有掌控才能與生命同在。我們都曾經堅信不疑，彷彿只要放棄控制就會迎來毀滅。這樣的信念孕育出衝突、強求、指責、焦慮、抗拒、強迫、防衛、競爭和批判。

布萊恩・施威姆在他的系列影片〈宇宙頌歌〉（Canticle to the Cosmos）中，明確指出掙扎之雲如何籠罩大多數人的心智，並強調我們必須看清它們，重新敞開心扉擁抱生命中那股充滿創造力的流動。他所說的「神性」，指的是對生命每一刻神祕又奇妙的展開所懷抱的深刻認識。

人類的身體、心智與感知中，有某些極為根本的層面已經封閉。我們對神聖性的感受力早已逐漸淡去。我們困頓，是因為忘了宇宙本具神聖。我們的出路，是重新啟動那份與神聖維度共鳴的感知，是喚醒人類靈魂的再生力，讓我們再一次因這些純粹而神祕的存在感到敬畏與顫動。等待我們的是一雙未曾預設的眼，也就是純然看見當下的一雙眼睛。

我們未曾真正看見當下。身為一個物種，我們的困境在於不知自己身在何處，不知自己被什麼包圍，不知自己與萬物的關係，甚至不知自己究竟是誰。我們的使命是主動啟蒙自己，踏入宇宙這片奧祕、喜悅與驚奇所編織的廣袤領域。

你所能承擔的最偉大使命，就是重新將自己交託給生命，以未曾預設的雙眼去看見當下的一切。這代表，你的覺知不再被那些構成掙扎之雲、遮蔽內在草原的故事所占據。當你與生命對抗的衝動退去，並願意真實地參與這段被賦予的生命時，你會成為這個世界的一股療癒力量。無論身在何方，你都真正地活在當下。而一個真正活在當下的人，會成為這個尚未完全甦醒世界中的一個覺察焦點。

我們急切地需要更多人願意敞開心扉迎向生命。當前人類的集體心智深陷於抽象雲層中。這個世界上所有缺乏覺察的行為以及那些令人心碎的後果，都來自未曾真實地參與生命的人。他們被恐懼堆積成的雲層包圍，活在仇恨、控制、貪婪、受害者心態與暴力之中。他們深陷掙扎，迷失其中，不只毀了自己的人生，也影響許多無辜的人。

尚未覺察的人所創造的苦難是龐大的。根據美國國家藥物濫用研究所，有五千兩百萬名十二歲以上的美國人曾出於非醫療目的使用處方藥。這還不包括非法藥物、酒精、香菸、暴食、過度消費、網路成癮和其他成癮行為。迷失在掙扎中也可能陷入身體、心理、情感與性方面的虐待，還有為了應對這些痛苦而出現的行為，例如囤積、自殘與暴力。

我們也不能忽視地球上正在進行的各種戰爭，還有無數兒童、女性與男性正在承受的苦難。此外，當我們未能看見萬物本有的神性時，大地的土壤、水源與大氣也因此受到汙染。讓我們把目光也轉向你自身的生命。你可能就像多數人一樣，時常處在持續且幽微的掙扎當中，偶爾還會陷入更深層的困境。你感受不到純粹活著的喜悅，反而經常背負著生命的重量，也許你此刻就在經歷著上述的痛苦。

不論你此刻的生活多麼令人煎熬，總有一條道路能讓你走出這場無止境的掙扎。這條道路不只為了你，也為所有生命而存在。眼前這場全球性的危機與其說是崩解，不如說是突破。它帶來一個可能性：讓你和無數人明白掙扎並不是我們的本質。你是能看見這些掙扎並與之同在的覺察本身。

進化生物學家伊莉莎白・薩圖黎斯透過一個隱喻故事，生動描繪了這種意識的轉化。她指出，相對於體型，毛毛蟲其實是地球上破壞力極強的生物，能在極短時間內啃光整根樹枝。最終，毛毛蟲為自己織出一個繭，在其中完成命運，融化成一團無形的物質。在這團液態中，第一批蝴蝶的細胞開始生成，它們被稱為「形像細胞」（imaginal cells，也稱「成蟲細胞」）。不過，這團物質會視新細胞為威脅並試圖摧毀它們；而為了存活，新細胞會聚集在一起，彼此支持，蝴蝶也因此誕生。

毛毛蟲與牠的破壞象徵著舊有的集體心智，它雖然是蝴蝶誕生過程中不可或缺的一環，但總有一天必須讓位，蝴蝶才能展翅而生。蝴蝶則代表我們所追尋的嶄新心智，它不再破壞生命，而是透過授粉滋養萬物。牠能夠展翅高飛，擁有比毛毛蟲更遼闊的視野。當我們開始蛻變為蝴蝶，我們也能看見更廣闊的整體，並從中找到歸屬。

所以請記住，無論你的人生處於什麼狀態，你就是那個「形像細胞」。你正在參與這場從分離走向連結的人類意識轉變，你的存在至關重要。你選擇如何面對自己的生命，將會帶來深遠的影響。我常說，海洋是由無數水滴匯聚而成，每一滴都不可或缺。而在這片正在甦醒的意識之海中，你就是其中流動著的一滴水。你的行動意義非凡。南非諾貝爾和平獎得主戴斯蒙・屠圖（Desmond Tutu）曾說：「在你所處的地方，盡一點點善意。這些微小善行匯聚起來，足以改變整個世界。」是的，行善值得鼓勵，但最重要的行動，是療癒你內在的戰場。鼓起勇氣，面對生命正呈現給你的一切，踏上這條通往心的歸途。

當你為自己開闢從尚未覺察走向覺察的道路時，你也是在為整個世界開闢道路。每當你願意回應生命的邀請，而不是抗拒它；每當你對生命的展開保持好奇，而不再試圖操控它；每當你用寬廣的心擁抱自己與所有生命；每當你明白阻礙即是道路；每當你重新連結活著的純粹喜悅，你就成為世界的療癒力量。愛因斯坦曾說過：「生活的方式有兩種：一種是認為凡事都不是奇蹟，另一種則是相信每件事都是奇蹟。」

> 現在，請運用你的想像力，打開對地球未來全新可能性的感知。想像這顆美麗的星球一片漆黑。數千年前，有一道光在某處亮起，那是某顆覺醒之心的光芒。隨著歲月流轉，越來越多心靈甦醒，越來越多光芒亮起，最終交織成一張遍布地球的光之網路，照進仍然黑暗的角落。想像這份光持續擴展，直到整顆星球完全綻放，沒有任何一個角落被排除在心的療癒之外。

這份療癒真實可及，而你是其中不可或缺的一部分。你怎麼活著，真的很重要！

最後，我想回到本書前言的最後一段。我想代表生活在這顆藍綠色美麗星球上的每個人，感謝你願意踏上回歸生命的旅程。當你在幸福草原中發現並活出真實的自己時，你的生活將被徹底改變。當你的生活產生變化，也會影響往後遇見或甚至只是想到的每一個人。當你走出掙扎的世界，就能夠真實地活在當下，擁抱生命的壯麗與神祕，散發出幸福的光芒。當一個人懂得如何活在當下，自然會成為一種邀請，鼓勵周遭的每一個人放下對掙扎的執著，重新回到全然投入當下生命的喜悅裡。為了所有眾生的療癒，生命正在引領你回到內在的安好。

附錄

八個核心咒語以及變化形

以下是第四章介紹的八個核心咒語，以及說書人可能在你心中說出的各種變化形式。請勾選那些你感到熟悉的句子，這將幫助你更清楚地覺察說書人的運作方式。文末附有一張圖，幫助你看見這八個咒語之間環環相扣的關係。

兩個根源咒語

1. 我與生命是分離的。

- ☐ 生命只有目光所及的一切。
- ☐ 我在這裡，而生命在他方。
- ☐ 我等於我的念頭。
- ☐ 我是由心智造就的我。

2. 生命並不安全。

☐ 生命拒絕我。

☐ 生命拋棄我。

☐ 生命淹沒我。

☐ 一切都不夠。

☐ 一切都太過。

☐ 一切太辛苦。

☐ 我不能相信生命。

☐ 我必須逃跑或躲起來。

☐ 生命是被加諸在我身上的。

☐ 生命令人無法承受。

☐ 我沒有任何保護。

☐ 生命充滿危險。

☐ 壞事會發生。

☐ 生命不公平。

☐ 生命不會支持我。

☐ 我無法依靠任何事物。

三個行動咒語

3. 我必須掌控生命。

- ☐ 我必須「經營」生命。
- ☐ 我不能接受我不喜歡的事。
- ☐ 我必須緊抓住我喜歡的事。
- ☐ 我創造我的現實。
- ☐ 我已掌控一切。
- ☐ 一切都由我主導。
- ☐ 我拒絕……
- ☐ 我是最棒的。
- ☐ 我以後再做。
- ☐ 忘了它吧。
- ☐ 沒什麼大不了。
- ☐ 我能掌控別人怎麼看我。
- ☐ 我必須理解。
- ☐ 我會傷害你。
- ☐ 我必須隨時做好準備。
- ☐ 我不願面對當下的體驗。

- ☐ 我要達成目標。
- ☐ 我要控制你。
- ☐ 是你造成我的問題。
- ☐ 我的生活必須變得不同。
- ☐ 我必須變得不同。
- ☐ 一切都是我的責任。
- ☐ 你必須成為我需要你成為的樣子。
- ☐ 我只要……就會快樂。
- ☐ 我渴望的愛來自外在。
- ☐ 我不會讓你控制我。
- ☐ 都是你的錯。
- ☐ 只有我能照顧自己。
- ☐ 我不想被看見。

4. 我必須做好每件事。

- ☐ 我必須完美無瑕。
- ☐ 我要看起來冷靜又得體。
- ☐ 我必須掌握一切。

☐ 我不能表現真實的自己。

☐ 我做對了。

☐ 犯錯是不被允許的。

☐ 我一定要是對的。

☐ 我要成為別人需要的模樣。

☐ 我比你更好。

☐ 我一定要取悅你。

☐ 我不可能犯錯。

☐ 我一定要做到最好。

☐ 我得找出正確答案。

☐ 如果我沒做到……就完了。

☐ 我不能出糗。

☐ 如果我……就會有麻煩。

☐ 一切只能靠我自己完成。

5. 我做得不夠好。

☐ 我太超過了。

☐ 我不夠好。

- ☐ 我一定會搞砸。
- ☐ 其他人都做得比我好。
- ☐ 是我的錯。
- ☐ 我總是自我破壞。
- ☐ 我很懶。
- ☐ 我是拖延症患者。
- ☐ 我不知道該怎麼做。
- ☐ 我不夠努力。
- ☐ 我應該做得不一樣。
- ☐ 我走在錯誤的路上。
- ☐ 我在浪費時間。
- ☐ 這一切根本沒有效。
- ☐ 我看起來很蠢。
- ☐ 我好害怕。
- ☐ 太花時間了。
- ☐ 我讓他們失望了。
- ☐ 我好無聊。
- ☐ 我應該早點行動。

□ 我的外表不好看／不對勁。

□ 我無法集中注意力。

□ 我犯太多錯了。

□ 我沒有別人擁有的那些資源。

□ 我不知道如何應付人生。

□ 我無法達成他們的期望。

□ 我應該快樂／感恩。

□ 這種狀況會一再發生。

三個隱藏咒語

6. 我沒做好，我有缺陷。

□ 我一無是處。

□ 我是壞人／我本質邪惡。

□ 我很笨。

□ 我是失敗者。

□ 我不屬於這個世界。

□ 我永遠都無法振作。

□ 我從根本上就有問題。

- □ 我是個冒牌貨。
- □ 我是個失敗的人。
- □ 我沒辦法改變。
- □ 我改變不了現狀。
- □ 我討厭自己。
- □ 我辜負了自己的潛能。
- □ 我討厭自己正在做的事。
- □ 我沒有價值。
- □ 我的存在就是個錯誤。
- □ 我無能為力。
- □ 我不夠好。
- □ 我必須更努力。
- □ 感受自己的情緒是不對的。
- □ 生命處處針對我。
- □ 有一天大家會發現我的真面目。
- □ 我不配擁有快樂。
- □ 我的時間已經不夠了。
- □ 我錯過了機會。

- □ 我活該受到這樣的待遇。
- □ 我什麼都搞不清楚。
- □ 我不合群。
- □ 我不是別人期待的樣子。
- □ 別人都比我有本事。

7. 我不值得被愛。

- □ 我不重要。
- □ 我不配擁有這一切。
- □ 我不值得。
- □ 別人一定會拒絕我。
- □ 不會有人照顧我。
- □ 沒有人喜歡我。
- □ 我不夠好。
- □ 沒有人會選擇我。
- □ 我不配存在。
- □ 我沒有價值。
- □ 我永遠無法感受到被愛。

☐ 他們並不是真的愛我。

8. 我注定孤單一人。

☐ 這就是全部了。

☐ 絕望才是全部。

☐ 這種狀態會永遠持續下去。

☐ 我很沮喪。

☐ 我很孤單。

☐ 我不知道自己是誰。

☐ 一切都不會改變。

☐ 我總是被排除在外。

☐ 我根本不存在。

☐ 我不想活了。

☐ 我永遠得不到我需要的東西。

☐ 我找不到出口。

☐ 我是透明的。

☐ 一切都不真實。

☐ 我已經撐不下去了。

☐ 我不想再這樣下去了。

☐ 我被困住了。

☐ 我真想死。

☐ 這個世界沒有我的位置。

☐ 我格格不入。

☐ 沒有人在乎我是否還活著。

☐ 沒有人會陪在我身邊。

☐ 每個人都拒絕我。

☐ 我已經沒有希望了。

☐ 只有離開，才是安全的選擇。

☐ 我必須離開這裡才安全。

核心咒語的惡性循環

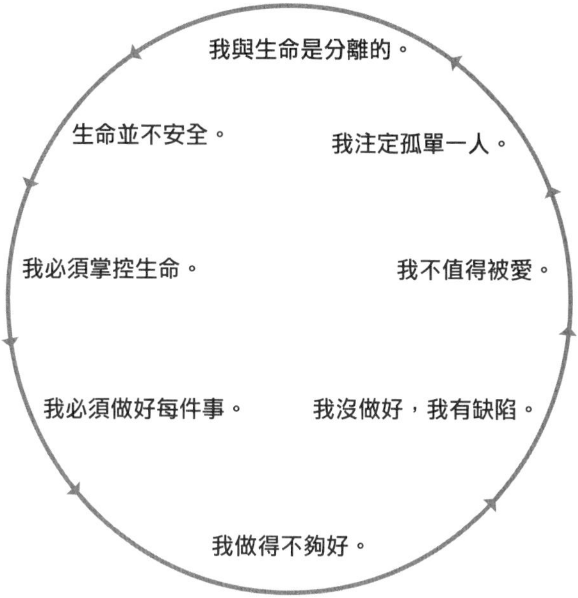
我與生命是分離的。
我注定孤單一人。
我不值得被愛。
我沒做好，我有缺陷。
我做得不夠好。
我必須做好每件事。
我必須掌控生命。
生命並不安全。

致謝

孕育一本書需要眾人之力！除了我的事業夥伴與知心姐妹瑪莉蘇・布魯克斯一路陪我走過這段精彩的生命旅程，還有許多人為這本書傾注了無數支持。我目前主持的四個諮商小組是本書核心理念的孕育之地。我衷心感謝每一位曾經參與、正在參與，或將來會參與其中的成員。過去三十年來，與我攜手走在療癒旅程上的每一位個案，我也深懷感激。療癒總是在兩個人一同帶著好奇與慈悲時悄然發生。特別感謝那些願意分享自身故事的朋友，他們的真誠讓本書更加豐富與真實。

我也要感謝我的兩個孩子卡崔娜（Katrina）和米卡（Micah），是他們讓我成長，也讓我為他們成長，更與他們一同成長！

我對我的公關兼摯友瑪莎・羅根（Martha Logan）懷抱深深的感激。她投注了無數心力與創意，為這本書尋找各種分享的可能性。她的生命因這份工作而轉化，也因此懷抱熱情，盼望將這份訊息帶向更遠的地方。

親愛的朋友史蒂芬妮・克恩斯（Stephanie Kerns）是這段旅程中不可或缺的一分子。她不僅擔任我的靜修活動經理，更是在與她的相處中，我學會了真正的友誼之道。

我也衷心感謝馬克・里克（Mark Ricker），感謝他總是讓我們的電腦維持在最佳狀態。我也相當感謝參與憶起練習的兩個實體小組，謝謝他們的投入與回饋，讓這項練習得以不斷打磨與深化。

高寶書版集團
gobooks.com.tw

AM 008
你經歷的一切，皆是通往療癒的道路
What's In The Way Is The Way: A Practical Guide For Waking Up To Life
作　　者　瑪麗．歐麥莉（Mary O' Malley）
譯　　者　陳宜婕
編　　輯　林子鈺
封面設計　之一設計工作室
內頁排版　賴姵均
企　　劃　陳玟璇
版　　權　劉昱昕

發 行 人　朱凱蕾
出　　版　英屬維京群島商高寶國際有限公司臺灣分公司
　　　　　Global Group Holdings, Ltd.
地　　址　臺北市內湖區洲子街 88 號 3 樓
網　　址　gobooks.com.tw
電　　話　(02) 27992788
電　　郵　readers@gobooks.com.tw（讀者服務部）
傳　　真　出版部 (02) 27990909　行銷部 (02) 27993088
郵政劃撥　19394552
戶　　名　英屬維京群島商高寶國際有限公司臺灣分公司
發　　行　英屬維京群島商高寶國際有限公司臺灣分公司
法律顧問　永然聯合法律事務所
初版日期　2025 年 07 月

國家圖書館出版品預行編目 (CIP) 資料

你經歷的一切，皆是通往療癒的道路 / 瑪麗．歐麥莉 (Mary O'Malley) 著；陳宜婕譯．-- 初版．-- 臺北市：英屬維京群島商高寶國際有限公司臺灣分公司，2025.07
面；　公分．--

譯自：What's in the way is the way : a practical guide for waking up to life

ISBN 978-626-402-281-1（平裝）

1.CST: 靈修　2.CST: 自我實現

192.1　　114007493

GOBOOKS
& SITAK
GROUP©